KB210802

병·의원 세금 정석

병+의원
세무 관리

병·의원 세금 정석

병+의원 세무 관리

2024년 10월 23일 초판 인쇄
2024년 10월 30일 초판 발행

지 은 이 ｜ 성광호, 조성식
발 행 인 ｜ 이희태
발 행 처 ｜ 삼일인포마인
등록번호 ｜ 1995.6.26. 제3-633호
주　　소 ｜ 서울특별시 용산구 한강대로 273 용산빌딩 4층
전　　화 ｜ 02)3489-3100
팩　　스 ｜ 02)3489-3141
가　　격 ｜ 29,000원

ISBN 979-11-6784-314-2 03320

병 · 의원 세금 정석

병 + 의원 세무 관리

성광호 · 조성식 지음

SAMIL | 삼일인포마인

서문

병·의원을 개원하고 운영하는 과정은 많은 원장님들에게 새로운 도전입니다. 복잡한 행정 절차와 세무 문제는 진료에만 집중하고 싶은 원장님들에게 큰 부담이 될 수 있습니다. 특히, 개원 초기에 근로기준법이나 세법 등 관련 지식이 부족하여 막막함을 느끼는 분들이 많습니다.

병·의원을 개원할 때는 생각보다 다양한 사항을 고려해야 합니다. 금융기관에서 대출을 받는 것부터 의료기관 개설 신고, 사업자등록증 발급, 카드단말기 설치 신청까지 여러 행정 절차를 꼼꼼히 챙겨야 하며, 놓치는 부분이 있으면 개원 후에 문제가 발생할 수 있습니다. 만약 공동 개원을 계획하고 있다면 지분 비율과 수익 분배에 관한 계약서 작성, 병원의 권리금 처리 문제도 고려해야 합니다. 또한, 개원 전 준비과정에서 발생하는 비용을 경비로 처리하는 방법이나, 개원 자금과 관련된 증여세 문제 등 예상치 못한 법적 사항도 함께 고민해야 합니다.

병·의원을 운영하면서 가장 큰 고민 중 하나는 **직원 관리**입니다. 직원들의 최저임금 적용, 근로계약서 작성, 퇴직금 지급, 그리고 페이닥터와 같은 계약직 직원의 급여 지급 방식 등은 미리 정확히 준비하고 관리하지 않으면 나중에 법적 문제로 이어질 수 있습니다.

또한, 병·의원 운영에서 중요한 부분은 **세무 관리**입니다. 병·의원의 세금 신고는 일반 사업장과 다른 점이 많습니다. 이를 정확하게 이해하고 미리 준비하는 것이 필수적입니다. 특히, 종합소득세 신고 시 주요 경비를 어떻게 처리할지에 대한 부분은 병·의원 경영의 핵심 요소입니다. 또한,

병·의원 운영 중에는 세무서로부터 사후 검증이나 세무조사를 받을 가능성이 있습니다. 이는 갑작스럽게 진행될 수 있기 때문에 미리 준비하지 않으면 큰 재정적 부담으로 이어질 수 있습니다. 이 책에서는 사후 검증과 세무조사에 어떻게 대응해야 할지 구체적인 안내를 제공합니다.

마지막으로, 많은 원장님들이 고민하는 증여세 문제도 다룹니다. 개원 자금을 가족이나 친지로부터 지원받는 경우, 증여세 문제가 발생할 수 있습니다. 부모님이 자금을 지원하거나 자산을 제공할 경우, 이를 적절히 신고하지 않으면 나중에 큰 세금 부담을 질 수 있습니다. 이 책에서는 이러한 증여세 문제를 쉽게 이해하고, 적절히 대처할 수 있는 방법을 제시합니다.

이 책은 병·의원 개원과 운영 과정에서 원장님들이 자주 마주하는 문제들을 쉽게 풀어낸 병·의원 지침서입니다. 근로기준법, 부가가치세, 종합소득세, 증여세 등 병·의원 운영에 필요한 필수적인 내용을 실질적인 사례와 해결 방법을 통해 원장님들이 쉽게 이해할 수 있도록 정리했습니다. 이 책이 병·의원 운영에 작은 도움이 되기를 바랍니다.

이 책을 출판할 수 있도록 옆에서 항상 묵묵히 응원해 주고 도와준 사랑하는 가족들에게 이 책을 바칩니다.

성광호·조성식 세무사

목차

목차

목차

Chapter 08. 병·의원 양수도

Chapter 09. 병·의원 세액공제 정부 지원

Chapter 10. 병·의원 사후 검증

Chapter 11. 병·의원 세무조사

Chapter 12. 증여세

병·의원 개원

**개원하려고 대출을 받으려고 하는데
은행에서 사업자등록증을 요구하면?**

◎ 개원하려고 대출을 받으려고 하는데 은행에서 사업자등록증을 요구하면?

개원을 준비하는 A원장은 사업자등록을 아직 하지 않았는데 대출을 받으려는 은행에서 사업자등록증을 요구해서 머리가 아프다. 왜냐하면 관할 세무서에서 사업자등록을 하려면 원칙적으로 의료기관 개설신고증명서가 필수 서류이기 때문이다. 그런데 A원장은 아직 의료기관 개설신고증명서를 발급받지 못해서 발을 동동하고 있었다. A원장은 어떻게 해야 할까?

신규로 병·의원을 개설하려는 원장의 경우에는 사업 개시일 전이라도 사업자등록을 신청할 수 있다. 은행은 보통 사업자등록증상 "개업 연월일"에 대출을 대출신청인의 금융기관 계좌로 입금을 한다. 따라서 임대차보증금의 잔금 지급일인 "임대차계약 개시일"을 사업자등록증상 "개업 연월일"로 정한다. 왜냐하면 사업자등록증상 "개업 연월일"을 "임대차계약 개시일" 이전으로 할 수는 없기 때문이다. A원장은 사업계획서와 인테리어 서류를 가지고 관할 세무서에서 "개업 연월일"이 적힌 사업

자등록증을 선 발급받으면 된다. 선 발급된 사업자등록증을 은행에 제
출해서 필요한 대출금을 받으면 된다. 그리고 나서 나중에 발급받은 의
료기관 개설신고 증명서를 세무서에 제출하면 된다.

 ## 의료기관 개설신고

의원·치과의원·한의원 또는 조산원을 개설하려는 자는 **별지 제14호서식의**
의료기관 개설신고서(전자문서로 된 신고서를 포함한다)에 다음 각 호의
서류(전자문서를 포함한다)를 첨부하여 시장·군수·구청장(자치구의 구청장을
말한다)에게 신고해야 한다(의료법 시행규칙 제25조 제1항). 실무적으로는
병·의원이 사업장이 있는 관할 보건소 의약과에 가서 신고하면 된다.

① 개설하려는 자가 법인인 경우: 법인설립허가증 사본(「**공공기관의 운**
영에 관한 법률」에 따른 준정부기관은 제외), 정관 사본 및 사업계획
서 사본
② 건물평면도 사본 및 그 구조설명서 사본
③ 의료인 등 근무인원에 대한 확인이 필요한 경우: 면허(자격)증 사본.

다만, 의료법 시행규칙 제25조 제2항에 따라 행정정보의 공동이용으로 확인할 수 있는 경우는 제외한다.

시장·군수·구청장은 의료법 시행규칙 제25조 제1항에 따른 의료기관 개설신고가 적법하다고 인정하는 경우에는 해당 신고를 수리하고, **별지 제15호서식**의 의료기관 개설신고 증명서를 발급하여야 한다(의료법 시행규칙 제25조 제4항).

◎ 의료기관 개설신고는 언제 하지?

금융기관에 대출신청을 하고 임대인과 병·의원에 사용할 장소를 임대계약한 뒤 바로 인테리어에 들어간다. 인테리어 공사가 거의 끝나갈(80~85%) 무렵에 의료기관 개설신고를 하면 된다. 의료기간 개설신고는 약 10일 이내 처리가 된다.

[별지 제15호서식] <개정 2010.1.29>

제 호

의료기관 개설신고증명서

의료기관	명칭		종류	
	소재지			
	진료과목		개설신고일자	
개설자	성명(법인명)		생년월일	
	주소(소재지)			
	면허종류		면허번호	제 호

「의료법」 제33조 및 같은 법 시행규칙 제25조에 따라 의료기관 개설신고를 하였음을 증명합니다.

년   월   일

시장·군수·구청장 [직인]

190㎜×268㎜인쇄용지(특급) 80g/㎡

⊚ 병·의원 상호 결정이 먼저다.

의료기관 개설신고를 하기 전에 먼저 해야 하는 일은 병·의원의 상호를 결정하는 일이다. 한번만 듣고도 환자들의 기억 속에 남을 수 있는 상호 명을 결정해야 한다. 상호명을 결정한 뒤에는 원장이 개원하고자 하는 지역에 동일한 명칭으로 이미 개설한 병·의원이 있는지 관할 보건소 의약과 개설담당자와 확인해야 한다. 이미 개설한 병·의원이 있을 경우 나중에 보건소에 의료기관 개설신고를 접수하면 당연히 서류가 반려되고 개원 일정에 차질이 발생할 수도 있다.

⊚ 병·의원으로 사용하고자 하는 건축물의 용도 확인이 두 번 째다.

의원, 치과의원, 한의원, 조산원의 경우 건축물의 용도가 "제1종 근린 생활시설"이어야 한다. 따라서 병·의원으로 사용하고자 하는 건축물의 용도를 반드시 확인해야 한다. 병·의원 임차계약을 중개하는 공인중개사 에게 문의하면 된다.

참고적으로 개정된 "소규모 근린생활시설의 편의시설 의무설치 적용 기준"에 따르면 치과의원, 의원, 한의원, 조산원, 산후조리원의 편의시설 의무설치 바닥면적 기준은 500㎡ 이상에서 100㎡(약 30평) 이상으로 강화되었다. 기존 건물을 제외한 신축·증축(별동 증축)·개축(전부 개축)· 재축·이전·대수선 또는 용도가 변경되는 소규모 근린생활시설에 한해 적용된다.

편의시설 설치 대상시설 (「장애인등편의법 시행령」 [별표 1] 제2호)	해당 용도의 바닥면적 합계	편의시설 의무설치 대상이 되는 건축행위	의무설치 편의시설 유형
⑤ 가목 (8) - 의원·치과의원·한의원·조산원·산후조리원	100㎡미만	미대상	미대상
	100㎡이상~499㎡이하	신축, 증축(별동), 개축(전부), 재축	주출입구 접근로, 주출입구 높이차 이 제거, 출입구(문)
	500㎡이상	신축, 증축, 개축, 재축, 이전, 대수선, 용도변경	주출입구 접근로, 장애인전용주차구 역, 주출입구 높이차이 제거, 출입 구(문), 복도, 계단 또는 승강기, 장 애인용화장실(대변기)

※ 이 안내는 「장애인등편의법 시행령」 개정·시행(대통령령 제32607호, 2022.4.27. 공포, 2022.5.1. 시행)으로 소규모 근린생활시설의
  주요부분 변경(신축, 증축, 개축, 재축, 이전, 대수선, 용도변경)에 따라 달리 적용하는 각 설치대상별 편의시설 설치의무 적용
  기준에 대한 이해를 돕기 위해 작성됨

※ 적용 사례(일반음식점)
  ① 최초 신축 또는 기존 건축물 중 50㎡ 미만은 편의시설 설치의무 미대상이나, 이후 주요부분 변경의 건축행위가 있어 해당 용도의
    면적이 증가하는 경우 대상이 되는 면적에 해당하는 건축행위 여부를 판단하여 편의시설을 의무설치함
  ② 신축, 증축(별동), 개축(전부), 재축에 따라 해당 일반음식점 용도의 바닥면적 합계가 50㎡이상~299㎡이하가 되는 경우 주출입구
    접근로, 주출입구 높이차이 제거, 출입구(문)을 의무설치함(시행령 개정에 따라 새로 적용하는 내용)
  ③ 신축, 증축, 개축, 재축, 이전, 대수선, 용도변경에 따라 해당 일반음식점 용도의 바닥면적 합계가 300㎡이상이 되는 경우 주출입구
    접근로, 장애인전용주차구역, 주출입구 높이차이 제거, 출입구(문)을 의무설치함(종전과 동일하게 적용하는 내용)

◎ 의료기관 개설신고 절차

의료기관 개설신고(허가신청) 및 약국 개설등록은 보건의료자원통합
신고포탈을 통한 온라인 방식과 관할 지방자치단체(보건소) 방문을 통
한 서면 방식 중 본인이 선택하여 진행할 수 있다. 보건의료자원통합신
고포탈의 온라인 방식 신고 진행 절차는 다음과 같다. 의료기관은 약
10일 이내, 약국은 7일 이내 처리가 된다.

◎ 의료기관의 종류에 따라 개설신고·허가신청 대상은 다음과 같이 구분된다.

① 신고대상: 의원, 치과의원, 한의원, 조산원
② 허가대상: 종합병원, 병원, 치과병원, 한방병원, 요양병원 등

온라인 신고 시 구비서류는 파일로 스캔하여 업로드하거나 팩스 또는 우편으로 제출이 가능하며 기본서류는 다음과 같다. 관할 보건소에 필수서류를 제대로 제출하지 못하면 여러 번 해야 하므로 사전에 관할 보건소 담당자와 미리 상의하는 게 시간을 절약할 수 있는 방법이다.

㉠ 건물평면도 사본 및 그 구조설명서 사본 1부

인테리어 업자와 상의하면 된다.

㉡ 의료인 등 근무인원에 대한 확인이 필요한 경우 면허(자격)증 사본

아래와 같이 의사인 본인 외에 간호사, 간호조무사, 치과위생사 등 별도의 의료인력을 인원 현황에 포함해야 한다. 따라서 별도의 의료인력 최소 1명 이상을 고용하는 게 좋다.

		[인원현황]	총	명 (정신건강전문요원 제외)				
		계	명		계	명	13	치과위생사	명
01	의사	일반의	명	07	약사	약사	명	14	보건의료정보관리사	명
		전문의	명			한약사	명	15	영양사	명
02	치과의사		명	08	임상병리사		명	16	조리사	명
03	한의사		명	09	방사선사		명	17	사회복지사	명
04	조산사		명	10	물리치료사		명	18	정신건강전문요원	명
05	간호사		명	11	작업치료사		명	19	안경사	명
06	간호조무사		명	12	치과기공사		명	20	기타 종사자	명

③ 개설자가 의료인인 경우: 면허증(행정정보 공동이용 동의 시 생략),
개설허가신청인 경우 사업계획서 사본 1부

④ 개설자가 법인인 경우(의료법인 제외): 법인설립허가증 사본, 정관
및 사업계획서 사본 각 1부

⊚ 의료기관을 개설할 수 없는 경우

다음의 어느 하나에 해당하는 경우에는 의료기관을 개설할 수 없으므로
주의해야 한다.

1. 약국 시설 안이나 구내인 경우
2. 약국의 시설이나 부지 일부를 분할·변경 또는 개수하여 의료기관을
   개설하는 경우
3. 약국과 전용 복도·계단·승강기 또는 구름다리 등의 통로가 설치되
   어 있거나 이런 것들을 설치하여 의료기관을 개설하는 경우
4. 「건축법」 등 관계 법령에 따라 허가를 받지 아니하거나 신고를 하지
   아니하고 건축 또는 증축·개축한 건축물에 의료기관을 개설하는 경우

⊚ 진단용1) 방사선 발생장치를 설치·운영하려는 의료기관

의료기관의 개설자 또는 관리자는 진단용 방사선 발생장치를 설치하
는 경우에는 사용일 3일 전까지, 해당 의료기관의 소재지를 관할하는
시장·군수·구청장에게 진단용 방사선 발생장치의 설치 및 사용신고서를
다음과 같은 첨부서류와 같이 제출하여야 한다(진단용 방사선 발생장치

---

1) 진단용엑스선장치, 진단용엑스선발생기, 치과진단용엑스선발생장치, 전산화단층촬영장치등 기기

의 안전관리에 관한 규칙 제3조).

가. 진단용 방사선 발생장치 검사성적서 사본 1부

나. 방사선 방어시설 검사성적서 사본 1부

다. 방사선 관계 종사자 신고서 1부

라. 양도 또는 이전한 자의 양도신고증명서 또는 이전신고증명서 원본 1부(양도받거나 이전하여 설치하는 경우에만 첨부한다)

마. 특수의료장비 등록증명서 사본 1부(특수의료장비를 설치하는 경우에만 첨부한다)

바. 진단용 방사선 발생장치의 사용중지 신고증명서 원본(사용중지 후 다시 사용하는 경우에만 첨부한다)

사. 의료기기 제조허가증 또는 수입허가증 사본 1부

아. 세금계산서, 계약서 등 구입 또는 임차 사실 증명자료 사본 1부

병·의원 사업자등록

◎ "의료업"이란?

"의료업"이란 인체질환의 예방 및 치료를 위한 보건서비스를 제공하는 산업활동을 말하며, 여기에는 종합병원, 병원, 의원, 치과병원 및 치과의원, 한방병원 및 한방의원, 조산원, 구급차 서비스, 의료실험실 서비스 등이 포함된다.

"의료업"은 고소득 전문직종이란 사회적 인식과 고소득에도 불구하고 근로소득자에 비해 세금을 적게 낸다는 여론에 따라 국세청에서 공평과세 취약분야로 분류하여 중점적으로 관리한다.

◎ 병·의원업 사업자등록 순서는?

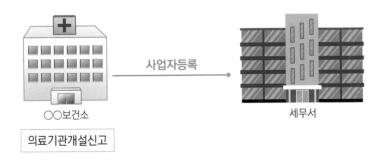

① 병·의원업 사업장 임대차계약 체결
② 개원한 지역의 관할 보건소 의약과에 의료기관 개설신고(병원은 허가)를 하고 의료기관 개설신고필증을 수령
③ 사업장 소재지 관할 세무서에 허가증 사본을 첨부해서 사업자등록증 신청
④ 신청일로부터 1~3일 이내에 사업자등록증 수령 가능

사업자 대출이 필요한 경우에는 의료기관 개설신고 전에 사업자등록을 하는 게 일반적이다. 대신에 병·의원 임대차계약서를 체결한 시점에 세무대리인과 사업자등록을 진행해서 금융기관의 대출신청, 인테리어 업자로부터 세금계산서 수령, 직원 구직 사이트 이용, 카드단말기 가맹계약 등에 문제가 없도록 한다.

⊚ 의료법에 따른 의료업자의 사업자등록

「의료법」 제2조에 따른 의료인[2]인 거주자가 의료기관을 개설하여 사업자등록을 신청하는 경우 같은 법 제33조에 따른 의료기관 개설신고를 하고 신고필증 사본을 첨부해야 한다. 그리고 「의료법」 제33조 제2항 제1호의 의료인에 해당되지 아니하는 개인은 의료기관을 개설할 수 없는 것으로 의료업에 대해서는 의료인과 의료인이 아닌 자가 공동사업자로 사업자등록을 할 수 없다(소득세법 집행기준 168-0-2).

⊚ 사업자등록 신청 시 제출서류는?

1. 사업자등록신청서
2. 임대차계약서 사본(사업장을 임차한 경우)
3. 인·허가 등 사업을 영위하는 경우 허가·등록·신고증 사본.
   허가(등록, 신고) 전에 등록하는 경우 허가(등록)신청서 등 사본 또는 사업계획서
4. 동업계약서(공동사업자인 경우)
5. 자금출처 명세서(금지금 도·소매업, 액체·기체연료 도·소매업, 재사용 재료 수집 및 판매업, 과세유흥장소 영위자)

※ 재외국민·외국인 등의 경우(1~5는 공통)

① 재외국민등록부등본, 외국인등록증(또는 여권) 사본

② 사업장 내에 통상적 주재 않거나 6월 이상 국외체류 시 : 납세관리인 설정 신고서

---

2) 보건복지부장관의 면허를 받은 의사·치과의사·한의사·조산사 및 간호사를 말한다.

🎯 원장 A씨가 세무서에 병·의원업 사업자등록을 하는 방법은?

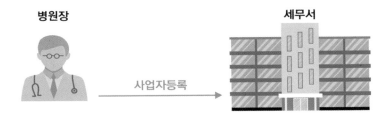

병원장　　　　　　　　　　　　　　　세무서

사업자등록 ➔

사업자등록은 사업 개시일로부터 20일 이내에 하면 된다. 국세청 홈택스에서 사업자등록을 하거나 병·의원 관할 세무서가 아닌 가까운 세무서에 방문해서 등록할 수 있다. 홈택스의 경우 홈택스〉〉신청/제출〉〉사업자등록안내를 누르면 된다. 신청 서류 등에 특별한 문제가 없으면 사업자등록은 일반적으로 5일 이내에 완료되고 사업자등록번호를 받을 수 있다.

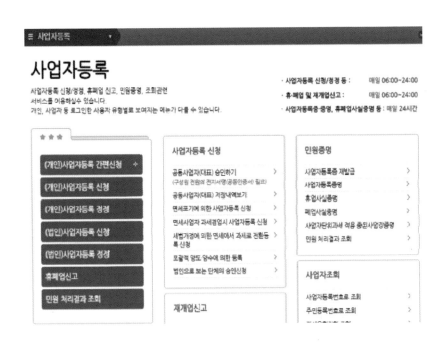

◎ 원장 A씨가 세무서에 사업자등록을 하지 않으면 어떤 불이익이 있을까?

① 과세관청은 일반과세자인 A원장에게 사업자 미등록가산세를 부과한다. 사업자로서 세무서에 사업자등록의무가 있는 자가 사업자등록을 하지 않으면 사업 개시일부터 등록신청일 직전일까지의 수입금액의 1%에 해당하는 가산세가 부과된다. 종합소득산출세액이 없는 경우에도 사업자 미등록가산세가 적용된다.

② 매입세액이 불공제된다. 사업자등록 신청 전 매입세액은 매출세액에서 공제될 수 없다.

③ 사업자등록을 하지 않았으므로 세금계산서를 발급할 수 없다.

◎ 병과 별 사업자등록 형태는 어떻게 다를까?

병과	면세/과세	비고
성형외과, 피부과, 치과 등	일반과세 사업자 (과세 면세 겸영사업자임)	미용목적 수술 보톡스 시술
내과, 이비인후과, 정신과 등	면세사업자	다음해 2월까지 면세사업장 현황신고의무

충치가 난 한입 씨는 치과에 가서 충치 치료를 받았다. 충치 치료를 마친 후 치과 원장은 한입 씨에게 이마에 주름이 너무 많다면서 보톡스를 맞으라고 권유했다. 한입 씨가 치과에서 보톡스를 맞으면 면세일까? 과세일까? 미용 목적의 치료이므로 보톡스 치료는 과세이다.

서울 시내에 개원하고 있는 한의사가 의료법에 따라 원외 탕전실을 경기도 남양주에 설치하여 주무 관할관청에 인·허가 후, 공동 이용하는 한의원과 공동이용계약을 체결했다. 원외 탕전실을 공동 이용하는 한의사가 준 처방전대로 원외 탕전실에 배치된 한약사가 한약을 조제하여 공동 이용하는 한의사에게 공급하고 계약에 의거 관련 제 비용을 청구했다. 원외 탕전실에서 처방전에 의하여 공급하는 조제용역은 과세일까? 면세일까? 그 조제용역의 공급은 부가가치세가 면제된다(부가-1034, 2009.7.21.).

◎ 면세사업자는 부가가치세를 공제받을 수 있을까?

개원하고자 하는 병과가 면세사업자에 해당할 경우에는 인테리어비용, 소모품 구입비용 그리고 렌탈비용 등에서 발생하는 부가가치세를 공제받지 못한다. 대신에 부가가치세에 해당하는 금액만큼이 자산가액에 포함되어 종합소득세를 계산할 때 감가상각비 등 비용으로 처리가 가능하다. 예를 들어, 개원할 때 인테리어에 1억원을 지출하고 부가가치세를 포함해서 1.1억원을 지급했다고 하자. 면세사업자라서 부가가치세 1천만원은 돌려받지 못한다. 그러나 감가상각을 통해서 부가가치세에 해당하는 1천만원은 향후 비용 처리가 되어 원장의 종합소득세를 줄여주게 된다.

◎ 부가가치세 겸영사업자는 부가가치세 전액을 돌려받을 수 있을까?

전액을 돌려받으면 좋겠지만 국세청은 전부를 돌려주지 않는다. 면세에 사용한 매입세액만큼은 돌려받지 못한다. 단, 과세사업에 사용한 매입세액은 전부 돌려준다.

◎ 의사 처방전에 따른 약제품 공급의 면세/과세여부

구분	약제품 공급
의사 처방전이 있는 경우	면세
의사 처방전이 없는 경우	과세

◎ 병·의원 카드단말기 설치 신청

카드단말기 회사에게 카드단말기 설치와 현금영수증 가맹점 가입을 대행 요청하면 된다. 개인사업자인 병·의원의 카드단말기 설치 신청 시 필요서류는 다음과 같다.

① 사업자등록증

② 신분증

③ 통장 사본

④ 의료기관 개설신고필증

9개 카드사 가맹 신청 후 각 카드사의 승인까지는 빠르면 하루, 늦으면 2~3일 정도가 소요된다. 따라서 병원 개원 일정에 맞추어서 카드단말기 설치를 해야 한다. 주의할 점은 단말기 회사가 "의료기관 개설신고필증"을 요청할 수도 있다.

건강보험 심사평가원에 요양기관 현황 신고

의료기관의 허가·신고사항은 구청 등 지방자치단체에 하면 된다. 심사평가원 고유 신고사항은 "보건의료 자원 통합신고포탈(https://www.hurb.or.kr)"을 통해 심사평가원에 현황신고를 하면 구청 등 지방자치단체와 연동되어 처리된다.

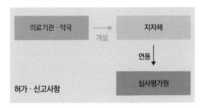

- 요양기관 시설 / 진방·특수장비 / 명칭 / 종류 / 소재지
- 설립구분
- 개설자(개인 또는 법인)

- 개설자 부재로 인한 대진의 신고
- 의료인수 변경 및 의료인별 세부사항
- 식대, 차등제 등 요양급여비용 청구관련정보

◎ 건강보험 심사평가원(심평원)에 요양기관 현황에 대한 신고

요양기관은 국민건강보험법 제47조에 따라 요양급여비용을 최초로 청구하는 때에 요양기관의 시설·장비 및 인력 등에 대한 현황을 건강보험 심사평가원에 신고하여야 한다(국민건강보험법 제43조). 요양기관은 법 제43조 제1항에 따라 시설·장비 및 인력 등에 대한 현황을 신고하려면 요양기관 현황신고서 및 의료장비 현황(변경) 신고서에 다음 각 호의 구분에 따른 서류를 첨부하여 건강보험 심사평가원(02-1644-2000)에 제출하여야 한다(국민건강보험법 시행규칙 제12조).

1. 요양기관 현황 신고서의 경우에는 다음 각 목의 서류

가. 의료기관 개설신고증, 의료기관 개설허가증, 약국 개설등록증 또는 한국희귀의약품센터 설립허가증 사본 1부

나. 요양기관의 인력에 관한 면허나 자격을 확인할 수 있는 서류

다. 통장 사본 1부

2. 의료장비 현황 신고서의 경우에는 다음 각 목의 서류

가. 장비의 허가·신고·등록을 확인할 수 있는 서류

나. 장비의 검사나 검사면제에 관한 사항을 확인할 수 있는 서류

다. 장비를 구입하였거나 임차한 사실을 확인할 수 있는 서류

실무적으로 다음과 같은 자료를 건강보험 심사평가원에 제출해야 한다.

- 요양기관 현황 신고서
- 의료기관개설허가(의원은 신고증명서)증 사본 앞·뒷면
- 사업자등록증 사본 1부
- 금융기관 통장사본 1부 (원장명의로 개설된 사업용 계좌)
- 장비구입세금계산서 및 매매계약서
- 의료장비별 세부내역표

◎ 건강보험 요양급여를 청구하는데 사용하는 건강보험 심사 평가원 기호 부여 신청

국민건강보험공단에 의료보험 및 의료급여를 청구하기 위해서는 다음과 같이 "보건의료 자원 통합신고포탈(https://www.hurb.or.kr)"을 통해서 ① 지급계좌 신고 〉〉 ② 요양기호 부여 〉〉 ③ 요양기관 회원가입 〉〉 ④ 요양기관인증서 발급절차를 완료해야 한다. 건강보험 심사평가원에서 받은 요양기관 번호는 건강보험 요양급여를 청구하는데 사용된다.

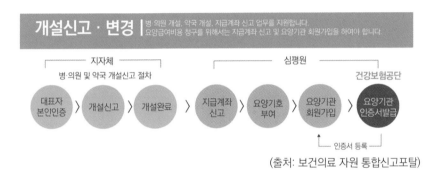

(출처: 보건의료 자원 통합신고포탈)

건강보험 심사평가원 지급계좌 신고는 심사평가원 홈페이지에 "요양기관현황미신고기관 비회원" 로그인 후에 요양급여비용 청구 기본정보 등록 및 세무서의 사업자등록증 사본과 통장사본(사업용 계좌)을 첨부하여 지급계좌 신고를 진행한다. 보건의료자원 신고포탈에서 문자로 받은 임시용 기호를 입력해야 한다.

요양기관 현황 미신고 기관 비회원 로그인

1일 뒤에 지급계좌 신고 절차가 완료되면 임시 기호번호가 확정기호로 변경된다.

건강보험공단에서 보건복지분야 공동인증서 발급받기

건강보험공단(https://www.nhis.or.kr)에서 발급하는 보건복지분야 공동인증서를 발급받는 절차는 다음과 같다.

본인이 방문 가능한 건강보험공단 지사를 온라인에서 선택한 뒤 방문해야 한다. 개인사업자인 병·의원의 경우 필요서류는 다음과 같다. 온라인에서 작성한 신청서를 출력한 뒤 원장의 개인 인감을 날인해서 가져가야 한다.

⚪ 개인사업자

대표자	① 서버용 공동인증서비스 신청서 1부(서명 또는 인감 날인) ② 사업자등록증(고유번호증) 사본 1부 또는 사업자등록증명원 원본 1부 ③ 대표자 신원확인증표 앞면 사본 1부(원본 지참 필수)
대리인	① 공동인증서비스 신청서 1부(인감날인) ② 사업자등록증(고유번호증) 사본 1부 또는 사업자등록증명원 원본 1부 ③ 대표자의 개인인감증명서 원본 또는 대표자 본인서명사실 확인서 원본 1부 　＊ 6개월 이내 발급서류 ④ 대리인 신원확인증표 앞면 사본 1부(원본 지참 필수)

공동인증서를 발급받은 뒤 절차는 다음과 같다.

① 건강보험공단 홈페이지(https://www.nhis.or.kr) 회원가입 후 공동인증서를 등록한다. 주의할 점은 지급계좌신고가 처리되어 요양기관기호가 확정되어야 공단에 등록이 된다. 임시요양기호로는 건강보험공단 홈페이지 회원가입이 불가능하다.

국민건강보험

방문자별 맞춤 메뉴 개인 사업장 더보기+ 개인 맞춤 …

www.nhis.or.kr

② 요양기관 정보마당 홈페이지(https://medicare.nhis.or.kr)에서 공동인증서를 등록해야 한다.

요양기관정보마당

요양기관정보마당 HOME 00:00 연장하기 OCS개발자지원 FAQ 서식자…

medicare.nhis.or.kr

◎ 건강보험공단에 검진기관 신청하기

국가건강검진은 국가나 지방자치단체가 종합 계획에 따라 시행하는 건강검진이다. 여기에는 일반건강검진(구강검진 포함), 암 검진, 영유아 건강검진이 포함된다. 병·의원이 검진기관으로 지정받기 위해서는 건강보험공단에 검진기관 지정신청서를 제출해야 한다. 건강보험공단의 현장방문, 의견제출 후 특별자치도·시·군·구에서 지정여부를 결정한다.

검진기관 지정신청서

※ [ ]에는 해당되는 곳에 √표를 합니다. (앞 쪽)

접수번호		접수일자		처리기간	10일
신청인	의료기관명			요양기관 기호	
	개설자(대표자)			생년월일	
				면허번호	
	주소				
			(전화번호:)		
	□□□□□		(팩스번호:)		
지정신청 내용	[ ] 일반검진기관 [ ] 영유아검진기관 [ ] 구강검진기관				
	[ ] 암검진기관				
	([ ] 위암 [ ] 대장암 [ ] 간암 [ ] 유방암 [ ] 자궁경부암 [ ] 폐암)				
	[ ] 출장검진기관				
	([ ] 일반검진 [ ] 위암 [ ] 대장암 [ ] 간암 [ ] 유방암 [ ] 자궁경부암 [ ] 구강검진)				

「건강검진기본법」 제14조 및 같은 법 시행규칙 제5조제1항에 따라 검진기관 지정을 신청합니다.

년   월   일

신청인   의료기관장(인)

검진기관으로 지정받기 위해서는 각각의 인력기준, 시설기준, 장비기준을 충족해야 한다.

[별표1] 일반검진기관 지정기준(제4조 제2항 관련)
[별표2] 암검진기관 지정기준(제4조 제2항 관련)
[별표3] 영유아검진기관 지정기준(제4조 제2항 관련)
[별표4] 구강검진기관 지정기준(제4조 제2항 관련)
[별표5] 출장검진기관 지정기준(제4조 제3항 관련)

검진기관 지정신청서류는 다음과 같다.

신청인 제출서류	1. 검진 인력·시설 및 장비 현황 1부 2. 검진인력 자격과 채용관계 증명서류 1부 3. 진단용 방사선 발생장치 검사성적서, 방사선 방어시설 검사성적서, 진단용 방사선 발생장치 신고증명서 사본 각 1부(해당하는 기관만 제출합니다) 4. 유방촬영용장치 또는 전산화단층촬영장치(CT)에 대한 특수의료장비 등록증명서 및 특수의료장비 품질관리 검사성적서 사본 각 1부(해당하는 기관만 제출합니다) 5. 교육수료증(영유아검진기관, 일반검진기관 중 보건복지부장관이 정하여 고시하는 건강검진을 실시하는 기관, 구강검진기관 또는 폐암검진기관의 지정을 신청하는 경우에만 제출합니다) 6.「여신전문금융업법」에 따른 시설대여업자와 체결한 자동차 사용대여 계약서 사본 및 자동차등록증 사본 각 1부(출장검진기관의 지정을 신청하는 경우로서 자동차를 대여한 경우에만 제출합니다)	수수료 없 음
담당 공무원 확인 사항	자동차등록증(출장검진기관의 지정을 신청하는 경우로서 자동차를 소유한 경우에만 해당합니다)	

건강검진기본법 시행규칙 별표 1에서 정하는 일반검진기관 지정기준은 다음과 같다. 인력기준에 따르면 간호사(간호조무사를 포함한다) 1명 이상 있어야 한다. 실무적으로 채용한 직원의 4대 보험 가입 완료 후 검진기관 신청을 한다.

■ 건강검진기본법 시행규칙 [별표 1] <개정 2019. 9. 27.>

일반검진기관 지정기준(제4조 제2항 관련)

신청자격	인력기준	시설기준	장비기준
가. 종합병원 나. 병원(요양병원을 포함한다. 이하 같다) 다. 의원 라. 보건소(보건의료원을 포함하며, 이하 "보건소"라 한다) 마. 의사를 두어 의과진료과목을 추가로 설치·운영하는 한방병원 및 치과병원	가. 의사: 연평균 일일 검진인원 25명당 1명을 두되, 끝수(연평균 일일 검진인원을 25로 나눈 나머지)가 있으면 1명을 추가한다. 나. 간호사(간호조무사를 포함한다. 이하 같다) 1명 이상 다. 임상병리사 1명 이상 ※ 내원검진만 실시하는 의원은 연간 검진인원을 실진료일수로 나눈 검진인원(이하 "일일 평균 검진인원"이라 한다)이 15명 미만일 경우 임상병리사를 두지 않을 수 있다. 라. 방사선사 1명 이상 ※ 내원검진만 실시하는 의원은 일일 평균 검진인원이 15명 미만일 경우 방사선사를 두지 않을 수 있다.	가. 진찰실 나. 탈의실 다. 검진대기실 라. 임상검사(검체검사 및 진단의학검사를 포함한다)를 하는 시설 마. 방사선촬영실	가. 신장 및 체중계 나. 혈압계 다. 시력검사대 라. 청력계기 마. 원심분리기 바. 혈액학검사기기 사. 혈액화학분석기 아. 방사선촬영장치:「진단용 방사선 발생장치의 안전관리에 관한 규칙」에 따른 검사·측정기관으로부터 검사기준에 적합한 것으로 판정된 장비로서 방사선직접촬영장치를 말한다.

비고: 1. 보건복지부장관이 정하여 고시하는 건강검진을 하려는 의사는 보건복지부장관이 정하는 교육과정을 이수해야 한다.
　　　2. 내원검진만 실시하는 의원이 보건복지부장관이 정하는 바에 따라 검체검사에 관한 업무를 관련 전문기관에 위탁한 경우에는 시설기준의 라목, 장비기준의 바목 및 사목을 충족하지 못하더라도 일반검진기관으로 지정할 수 있다.
　　　3. 내원검진만 실시하는 의원이「의료법」제39조에 따라 장비를 공동으로 이용하는 경우에는 인력기준의 라목, 시설기준의 나목 및 마목, 장비기준의 아목을 충족하지 못하더라도 일반검진기관으로 지정할 수 있다.

임차한 상가건물을 10년간 병·의원으로 사용할 수 있을까?

임대인   병원장(임차인)

임차한 상가건물을 10년간 안정적으로 병·의원으로 사용할 수 있을까? 상가임대차보호법("상임법") 제10조에 따라서 가능하다. 상임법 제10조 (계약갱신 요구 등)에 따르면 임대인은 임차인이 임대차 기간이 만료되기 6개월 전부터 1개월 전까지 사이에 계약갱신을 요구할 경우 정당한 사유 없이 거절하지 못한다. 그리고 임차인의 계약갱신요구권은 최초의 임대차 기간을 포함한 전체 임대차 기간이 10년을 초과하지 아니하는 범위에서만 행사할 수 있다. 임대인은 특별한 사유가 없으면 이를 거절할 수 없다. 이러한 "계약갱신요구권"과 "대항력" 그리고 "권리금 회수 보장"규정은 병원 원장이 임차계약한 상가건물의 환산보증금이 기준보증금의 범위를 초과할 경우에도 상임법에 따라서 보호받을 수 있다.

구분	환산보증금의 범위
서울시	9억원 이하
수도권정비계획법에 따른 과밀억제권역(서울시 제외) 및 부산광역시	6.9억원 이하

구분	환산보증금의 범위
광역시(수도권정비계획법에 따른 과밀억제권역에 포함된 지역과 군지역, 부산광역시는 제외), 세종특별자치시, 파주시, 화성시, 안산시, 용인시, 김포시 및 광주시	5.4억원 이하
그 밖의 지역	3.7억원 이하

그런데 환산보증금을 초과한 임대차인 경우에는 임차인의 묵시적 갱신은 상임법 제10조[3] 제4항이 아닌 민법 제639조에 따른다. 따라서 임대차계약 종료 6개월~1개월 이내에 명시적인 임대차계약 갱신청구를 하지 않아 묵시적 갱신이 된 경우 임대차의 존속기간은 상임법상 1년이 아닌 민법에 따라 기간의 정함이 없는 임대차가 된다. 즉 환산보증금을 초과한 임대차인 경우에는 상임법상 묵시적 갱신의 경우 보장되는 1년을 적용받지 못한다. 따라서 병·의원의 건물 임대인이 임차인에게 언제든지 해지 통고를 할 수 있다. 임대인으로부터 해지 통고를 받은 임차인은 그 해지통고를 받은 날로부터 6개월이 경과하면 임대차계약의 해지효력이 발생하므로 조심해야 한다(민법 제635조).

> " 환산보증금을 초과한 임대차인 경우에는 계약종료
> 1개월 전까지는 반드시 갱신요구를 해야 "

환산보증금은 "임차보증금+(임차료×100)" 방식으로 계산하고 임차료에는 관리비와 부가가치세는 제외된다. 예를 들면, 서울시 관악구 소재 상가 보증금 5억원에 임대료 5백만원이면 환산보증금은 10억원(5억

---

3) ④ 임대인이 제1항의 기간 이내에 임차인에게 갱신 거절의 통지 또는 조건 변경의 통지를 하지 아니한 경우에는 그 기간이 만료된 때에 전 임대차와 동일한 조건으로 다시 임대차한 것으로 본다. 이 경우에 임대차의 존속기간은 1년으로 본다.

원+5백만원×100)이다. 따라서 서울시 기준 환산보증금 9억원을 초과하므로 해당 상가는 상가임대차보호법을 적용을 받지 않는다. 상가임대차보호법이 적용되는 상가가 받을 수 있는 중요한 혜택은 다음과 같다. 임차료나 보증금증액 제한(5% 이하)은 환산보증금이 기준보증금의 범위 이내일 경우에만 적용된다.

❝ 환산보증금이 기준보증금의 범위를 넘어서면 임차료나 보증금증액 제한(5% 이하) 적용 못 받는다. ❞

❝ 임차한 병·의원 건물이 경매되면 보증금을 돌려받기 위해서는 어떻게 해야 할까? ❞

해당 상가임차인은 대항력[4]과 우선변제권[5]도 있다. 사업자등록을 신청하면 그 다음날부터 제3자에 대하여 대항력이 발생된다(상임법 제3조).

---

4) 대항력을 갖춘 임차인은 상가건물이 **매매,** 경매 등의 원인으로 소유자가 변경된 경우에도 새로운 소유자에게 임차인으로서의 지위를 주장할 수 있다(「**상가건물 임대차보호법**」 **제3조** 제2항 및 제3조 제3항). 즉, 상가건물이 경매, 매매 등으로 그 건물의 소유자가 변경되어도, 임차인은 임대차 기간이 만료될 때까지 계속 상가건물을 사용·수익할 수 있고, 또한 보증금을 전액 반환받을 때까지 상가건물을 비워주지 않아도 된다(「**상가건물 임대차보호법**」 **제9조** 제2항). 이러한 대항력은 환산보증금이 기준보증금의 범위를 초과할 경우에도 적용된다.
5) 임차인이 ① 상가건물을 인도받고, ② 사업자등록 신청을 했고, ③ 세무서장으로부터 임대차계약서에 확정일자를 받았다면, 임차건물이 경매 또는 공매되는 경우 그 건물(임대인 소유의 대지 포함)의 환가대금에서 후순위권리자 그 밖의 채권자보다 우선하여 보증금을 변제받을 수 있다(「**상가건물 임대차보호법**」 **제5조** 제2항). 이러한 우선변제권은 환산보증금이 기준보증금의 범위를 초과하지 않을 경우에만 적용받을 수 있다.

그리고 우선변제권을 확보하기 위해서는 임대차계약서 원본, 일부 임차의 경우 상가건물 도면 그리고 사업자등록증을 가지고 병원소재지 관할 세무서 민원실에 가서 확정일자를 받으면 된다. 세무서에 임대차 계약서 사본을 가지고 가면 확정일자를 받을 수 없다. 반드시 임대차계약서 원본을 가지고 가야 한다.

상가건물 도면은 동사무소 또는 시청에 방문하여 건물 도면 발급 후 임차한 면적을 표시하여 제출하면 된다. 건물 도면 제출대상 구분방법은 다음과 같다.

① 건물의 등기가 1개로 되어 있는 건물의 1층을 전체 임대한 경우 → 건물 도면 제출대상 아님
② 건물의 1층이 101호, 102호로 구분되어 있으나, 건물의 등기가 1개인 경우에 101호를 임대한 경우 → 건물 도면 제출대상
③ 개별 호실별로 등기가 되어 있는 101호를 임대하였으나 전체 면적이 아닌 일부를 임대한 경우 → 건물 도면 제출대상

대항요건을 갖추고 관할 세무서장으로부터 임대차계약서상의 확정일자를 받은 임차인은 「민사집행법」에 따른 경매 또는 「국세징수법」에 따른 공매 시 임차건물(임대인 소유의 대지를 포함한다)의 환가대금에서 후순위권리자나 그 밖의 채권자보다 우선하여 보증금을 변제받을 권리가 있다(상임법 제5조). 따라서 상가임대차보호법을 적용받는 상가의 경우 세무서장으로부터 확정일자를 받는 것은 매우 중요하므로 잊지 말아야 한다.

> **❝ 환산보증금이 기준보증금 이내이면서 확정일자를 통해 "우선변제권"을 확보해야 한다. ❞**

국세청은 다음과 같이 확정일자 신청서 작성방법을 제공한다.

확정일자 신청서

※ 색상이 어두운 난은 신청인이 적지 않습니다.

(앞쪽)

접수번호			처리기간 즉시	
임차인 (신청인)	성명(법인명)	**홍 길 동**	주민(법인)등록번호	＊＊＊＊＊＊-＊＊＊＊＊＊＊
	상호	**세종식당**	사업자등록번호	＊＊＊-＊＊-＊＊＊＊＊
	주소(본점)	세종시 어울누리로 1, 102호	전화번호	휴대전화번호 010-＊＊＊＊-＊＊＊＊
임대인	성명(법인명) **성춘향**		주민(법인)등록번호 ＊＊＊＊＊＊-＊＊＊＊＊＊＊	
	주소(본점) 세종시 다정로 47, 305호		전화번호	휴대전화번호 010-＊＊＊＊-＊＊＊＊
임대차 계약내용	상가건물 소재지(임대차 목적물) 세종시 어울누리로 1, 102호			
	1. 계약일	2024.6.1	임대차기간	2024.6.1.~2026.5.31
	보증금	50,000,00원	차임	1,000,000원
	면적(㎡)	80㎡	확정일자번호	

※ 아래 난은 대리인에게 확정일자 신청을 위임하는 경우 적습니다.

신청인은 아래 위임받은 자에게 확정일자 신청에 관한 사항을 위임합니다.

위임 받은 자	성명	이몽룡	주민등록번호	＊＊＊＊＊＊-＊＊＊＊＊＊＊
	신청인과의 관계	직원	전화번호	010-＊＊＊＊-＊＊＊＊

「상가건물 임대차보호법」 제5조제2항에 따른 확정일자를 신청합니다.

2024년 6월 14일

신청인 홍길동 (서명 또는 인)

위임받은 자 이몽룡 (서명 또는 인)

주의할 점은 상가건물의 모든 임대차에 대하여 적용하는 것이 아니라 환산보증금(보증금+월세×100)이 해당 지역별로 기준 환산보증금 이하 인 경우에만 확정일자를 신청할 수 있다. 따라서 상임법이 적용되지 않 는 상가건물의 경우에는 전세권을 설정하는 방법으로 임대보증금 회수 에 대한 안전장치를 마련할 수가 있다.

개원 전 지출 비용은 전액 경비를 처리할 수 있을까?

병원장

◎ 개원 전 지출 비용은 실제로 경비로 처리할 수 있을까?

A원장은 개원을 준비하면서 3월에 인테리어 비용에만 2억원을 사용했다. A원장은 의료기관 개설신고를 하고 나서 사업자등록을 5월 10일에 했다. A원장은 3월에 지출한 인테리어 비용 2억원을 경비로 인정받을 수 있을까?

개원 준비에 필요해서 지출된 비용은 금액에 상관없이 당해 사업연도의 경비로 처리가 가능하다.

① 사업 목적상 지출한 비용은 해당 연도에 장부 계상할 경우 경비로 인정된다.

② 사업소득금액을 계산할 때 필요경비에 산입할 금액은 해당 과세기간의 총수입금액에 대응하는 비용으로서 일반적으로 용인되는 통상적인 것의 합계액으로 한다(소득세법 제27조 제1항).

③ 해당 과세기간 전의 총수입금액에 대응하는 비용으로서 그 과세기간에 확정된 것에 대해서는 그 과세기간 전에 필요경비로 계상하지 아니한 것만 그 과세기간의 필요경비로 본다(소득세법 제27조 제2항).

⊚ 개원 전에도 사업자등록이 가능한가?

사업계획서와 인테리어 서류를 가지고 세무서에서 사업자등록증 선 발급이 가능하다. 나중에 발급받은 의료기관 개설신고필증을 세무서에 제출해야 한다.

⊚ 사업자등록을 신청하기 전의 매입세액도 공제가 가능한가?

부가가치세 매입세액 공제가 가능하려면 사업상 지출이어야 하고 세 금계산서 등 적격 증빙을 수취해야 한다. 그리고 공급시기가 속하는 과 세기간이 끝난 후 20일 이내에 등록을 신청한 경우 등록신청일부터 공 급시기가 속하는 과세기간 기산일(부가가치세법 제5조 제1항에 따른 과 세기간의 기산일을 말한다)까지 역산한 기간 내의 것은 제외한다(부가 가치세법 제39조 제1항 제8호).

경비 지출 기간	사업자 등록 기한
1.1.~6.30.	7.20.
7.1.~12.31.	1.20.

⊚ 개원 전에도 사업용 신용카드를 홈택스에 등록이 가능한가?

사업용 신용카드를 홈택스에 등록한 뒤 사용할 경우 경비처리가 편리 하다.

⊚ 경비로 인정받을 수 있는 항목은?

① 개원 전 미팅 비용: 공인중개사, 인테리어 업자, 세무사, 노무사, 개
   원컨설팅 업체 등과 식대, 커피
② 병·의원 임차계약 시 지출한 부동산 중개 수수료
③ 전세권 설정 시 지출한 비용
④ 대출 수수료
⑤ 대출이자
⑥ 보건소에 의료기관 개설신고 시 지출한 인지대

⊚ 개원 전 지출하는 경비의 증빙은?

다음과 같이 국세청이 인정하는 방식으로 경비를 지출해야 한다. 간이
영수증은 국세청이 인정하는 적격 증빙자료가 아니다.

① 신용카드영수증
② 현금영수증
③ 세금계산서
④ 계산서

⊚ 간이영수증 등 적격 증빙이 아닌 경우

구분	법적 증빙 여부	증빙 불비 가산세 2%	비용 부인 당할 가능성
간이영수증	X	○	낮음
이체확인증	X	○	낮음
입금표	X	○	낮음
거래명세표	X	○	높음
계약서	X	○	매우 높음

ⓖ 간이영수증을 받았는데요?

① 3만원 이하로 일반 경비를 지출한 경우 경비처리가 가능하고 거래 대금의 2%에 해당하는 증빙 불비 가산세는 부과되지 않는다.

② 3만원을 초과해서 병원 경영과 관련된 경비를 지출한 경우 경비처리는 가능하되 거래 대금의 2%가 증빙 불비 가산세로 부과된다.

③ 3만원을 초과하는 접대비는 경비로 인정되지 않는다.

④ 부가가치세를 부담하지 않기 때문에 당장에 유리할 수는 있다. 그러나 지출내역이 구체적으로 입증되지 않으면 나중에 감가상각비가 부인될 위험이 있기 때문에 세금계산서를 수취하는 게 일반적이다.

ⓖ 이체 확인증을 받았는데요?

이체 확인증은 국세청이 인정하는 증빙서류가 아니다. 따라서 증빙 불비 가산세 2%가 부과된다.

ⓖ 거래명세표를 받았는데요?

거래명세표는 국세청이 인정하는 증빙서류가 아니다. 단순히 거래에 관한 명세표일 뿐이다. 경비처리는 할 수 있으나 증빙 불비 가산세 2%가 부과되고 비용으로 인정 못 받을 수도 있다.

ⓖ 계약서를 받았는데요?

계약서는 거래 사실이 입증할 수 있는 서류이다. 그러나 결제가 되었다는 법적 증빙서류가 아니다. 따라서 계약서로 경비처리할 경우 증빙 불비 가산세 2%가 부과된다. 그리고 통장 이체내역 등 결제내역이 입증이 안 되면 경비처리가 부인당할 수 있다.

◉ 배우자와 직원의 카드로 결제한 경우에도 경비처리가 가능할까?

경비처리가 가능하다.

◉ 사업자등록 전에도 거래상대방으로부터 세금계산서 발행을 받을 수 있을까?

가능하다. 원장의 주민등록번호로 세금계산서를 발급받을 수 있다. 따라서 피부과, 성형외과 등 과세사업을 겸영하는 병·의원은 부가가치세 신고를 할 때 매입세액공제도 받을 수 있다.

인테리어 업자가 부가세만큼 공사비를 줄여준다는데 어떡하죠?

병원장 — 인테리어 시공 ← 세금계산서 등 미발행 — 인테리어 업자 — 이중장부 작성 → 매출 과소신고 → 국세청 ational Tax Service

◎ 인테리어 업자가 부가가치세만큼 공사비를 줄여준다고 하는데 어떡하죠?

A원장은 경기도에 의원을 개설할 예정이다. 인테리어 업자 B씨가 제시한 공사대금은 1억원이다. B씨는 A원장에게 부가세 10%인 1천만원을 줄여줄 테니 세금계산서 대신 간이영수증을 주겠다고 한다. A원장은 1천만원은 개업 초기에 큰 돈이라 어떡해야 할 지 고민이다. 마음 같아서는 B씨의 제의를 받고 싶어한다. A원장은 어떡해야 할까?

과거와 달리 의사 등 전문직 사업자들은 세금계산서 등 적격증빙 수취가 의무이다. A원장의 선택에 따라 다음과 같이 두 가지 경우가 가능하다. 개원하는 병·의원의 경우 공사업자로부터 세금계산서를 받는 것이 일반적이다.

구분	내 용	
간이영수증을 받는 경우	① 세법상 적격증빙이 아니다. 따라서 3만원을 초과하는 지출에 대해서 지출금액의 2%에 해당하는 증명서류 수취 불성실가산세를 납부해야 한다. ② 거래 증빙자료가 부실할 경우 세무조사에서 병·의원 인테리어 비용을 전액 부인당할 수도 있다. 과세관청은 병·의원 인테리어 비용을 자택에 대한 인테리어 비용으로 의심할 수 있다. ③ 매입세액으로 인정받을 수 없다.	① 증명서류 수취 불성실가산세를 부담하면 간이영수증으로도 종합소득세 비용 처리는 가능하다. ② 계약서와 거래명세서(혹은 견적서) 등 거래 증빙자료를 반드시 받아야 한다. ③ 공사대금은 계좌이체를 통해서 대금지급사실에 대한 이체기록을 남겨야 한다. ④ ②와 ③의 자료를 모두 보관한다. ⑤ 적격 증빙이 아니므로 사후검증이나 세무조사의 가능성을 높이기 때문에 부득이할 경우에만 한다.
세금계산서를 받는 경우	① 면세사업자의 경우 부가가치세 10%를 환급 받을 수 없다. ② 부가가치세 10%를 포함한 금액에 대해서 매년 감가상각비로 비용 처리할 수 있다. ③ 비용 처리의 정당성을 확보할 수 있다.	

위 사안은 월세로 사무실 계약을 한 경우에도 동일하게 적용된다. 만약 임대인 A씨가 임차인 B씨에게 월임대료에 대한 부가가치세 10%를 줄여줄 테니 계약서는 보증금만 포함된 전세계약서로 하자고 할 수도 있다. 임차인 입장에서는 부가가치세만큼 월세가 줄어드니 당장은 이익일 수 있는 것처럼 보인다. 그러나 임차인은 월세만큼을 비용 처리를 할 수 없게 된다.

병·의원
공동 개원

단독 개원이 좋을까? 공동 개원이 좋을까?

병원장 VS (공동 병원장)

◎ 단독 개원할 경우 장점과 단점은?

초기투자비용에 대한 부담이 가장 큰 반면 의사결정이 신속하다. 공동 개원에서 요구되는 파트너간 이익분배가 필요 없다. 이익은 단독 개원한 원장이 모두 가져간다.

초기 투자비용에 대한 부담 → 의사결정의 신속성 → 이익은 모두 원장 것

◎ 공동 개원할 경우 장점과 단점은?

단독 개원과 달리 상대적으로 초기투자비용에 대한 부담이 완화된다. 동업이기 때문에 페이닥터를 채용하는 것에 대한 고민을 할 필요가 없고 매출도 단독 개원보다 빠른 시간에 손익분기점에 도달할 수가 있다. 그리고 진료범위가 확대되어 환자들에게 제공하는 의료서비스의 질이 높아질 수 있다. 또한 동업자와 함께 시간을 안배해서 휴식 등 개인시간을 활용할 수 있다.

반면에 신규 의료기기 도입 및 직원 채용 문제, 접대비 등에 대해서 동업자간 의견이 달라서 단독 개원과 달리 결론을 내리는데 시간이 오래 걸릴 수 있다. 더구나 공동 개원은 단독 개원과 달리 공동 개원을 위해 받은 출자금에 대한 대출 이자비용은 비용 처리가 어렵다. 공동사업에 출자하기 위하여 차입한 차입금의 지급이자는 당해 공동사업장의 필요경비에 산입할 수 없는 것이며 출자를 위한 차입금 외에 당해 공동사업을 위하여 차입한 차입금의 지급이자는 당해 공동사업장의 필요경비에 산입할 수 있는 것이나, 이에 해당하는지 여부는 공동사업 구성원 간에 정한 동업계약의 내용 및 출자금의 실제 사용내역 등에 따라 판단하게 된다(기획재정부소득-149, 2011.4.22.).

친구와의 공동계약서상 손익분배는 5:5이다. 그런데 실제 공동 개원을 해보니 친구인 동업자보다 본인이 50%나 더 많은 환자를 진료하고 있다면 어떻게 될까? 동업자는 내가 환자를 보는 시간에 골프연습과 직원과의 잡담 등 상대적으로 더 많은 휴식을 즐기고 있다. 친한 친구 사이인데 손익분배를 어떻게 해야 할까? 공동계약서 대로 손익을 5:5로 분배하는 게 맞을까? 공동 개원을 하면 현실적으로 동업자 모두를 만족시키는 이익분배는 매우 어렵고 복잡하다. 불합리한 이익 분배는 갈등의 씨앗이 되어 나중에 동업을 해지할 가능성을 키우게 된다.

공동사업이란?

⊚ 공동사업이란?

"공동사업"이라 함은 그 사업이 당사자 전원의 공동의 것으로서, 공동으로 경영되고 따라서 당사자 전원이 그 사업의 성공여부에 대하여 이해관계를 가지는 사업을 말한다(국세기본법 통칙 25-0…2).

⊚ 공동사업의 손익분배방법은?

공동사업에서 발생한 소득금액은 해당 공동사업을 경영하는 각 거주자(출자공동사업자를 포함한다. 이하 "공동사업자") 간에 약정된 손익분배비율(약정된 손익분배비율이 없는 경우에는 지분비율을 말한다)에 의하여 분배되었거나 분배될 소득금액에 따라 각 공동사업자별로 분배한다(소득세법 제43조 제2항).

⊚ 대표 공동사업자의 선임방법은?

"대표 공동사업자"란 출자공동사업자 외의 자로서 다음 각 호의 자를 말한다(소득세법 시행령 제150조 제1항).

① 공동사업자들 중에서 선임된 자
② 선임되어 있지 아니한 경우에는 손익분배비율이 가장 큰 자. 다만, 그 손익분배비율이 같은 경우에는 사업장 소재지 관할 세무서장이 결정하는 자로 한다.

◎ 출자비율과 손익분배비율은 달라도 될까?

공동으로 사업을 경영하는 거주자의 소득금액 계산 시 분배의 기준이 되는 출자지분 또는 손익분배의 비율은 당사자 간의 약정 등에 따라 실제로 출자된 상황에 의하여 결정하는 것이며, 다만 손익분배의 비율을 출자지분과 달리 정할만한 특별한 사정이 있는 경우에는 당사자 간의 약정 등에 따라 별도로 정할 수 있다(서면1팀-879, 2005.7.20.). 따라서 출자지분과는 별도로 기여도에 따라 손익분배비율을 정할 수도 있다. 공동사업에서 발생한 소득금액을 공동사업자 중 일부가 포기함에 따라 다른 공동사업자가 본인의 보유 지분을 초과하여 분배 받는 경우에는 증여세가 과세된다(서면상속증여2019-4318, 2020.5.26.).

◎ 소득세 연대납세의무는 있을까?

공동사업 또는 그 공동사업에 속하는 재산과 관계되는 국세 및 강제징수비는 공유자 또는 공동사업자가 연대하여 납부할 의무를 진다(국세기본법 제25조 제1항). 그리고 부가가치세에 대해서는 공동사업자들이 각자 전액에 대해 연대납세의무를 진다. 반면에 공동사업에 관한 소득금액을 계산하는 경우에는 해당 공동사업자별로 납세의무를 진다. 다만, 소득세법 제43조 제3항에 따른 주된 공동사업자(이하 "주된 공동사업자"라 한다)에게 합산 과세되는 경우 그 합산 과세되는 소득금액에 대해서는 주된 공동사업자의 특수관계인은 같은 조 제2항에 따른 손익분배비율에 해당하는 그의 소득금액을 한도로 주된 공동사업자와 연대하여 납세의무를 진다(소득세법 제2조의 2 제1항).

착한 친구 사이인데 꼭 동업계약서를 만들어야 할까?

(공동 병원장)

A와 B는 의대 재학 시절부터 친한 친구 사이이다. 공동 개원을 하면 각자 초기 투자 비용도 분담할 수 있고 필요할 때 돌아가면서 쉴 수도 있는 장점이 있다는 얘기를 들었다. 그래서 둘은 의기투합을 해서 공동 개원을 하기로 했다.

**   동업은 몸은 편하지만 서로 원수가 될 걸 각오해야 한다.   **

그런데 친한 대학 동기 사이인데 꼭 동업계약서를 작성해야 할까? 친하니까 계약서 없이 서로 믿고 하면 안될까?

**   친하니까 오히려 공동계약서를 작성해야 한다.   **

공동 개원을 하면 수입을 배분하는 방법에는 여러 가지가 있다. 둘이 동등하게 나눠 갖는 방법이 있고 또 한 사람이 역량이 더 많다고 한다면 차등적으로 나눠 갖는 방법도 가능하다.

❝ 동업계약서는 구체적인 사항까지 넣어서 작성해야 한다. ❞

그러나 의사들도 사실 능력이 똑같을 수도 없는데도 불구하고 공동 개원을 했을 때 실제로 수익을 차등적으로 배분하는 것은 매우 어려운 게 현실이다. 수익을 정확히 몇 대 몇으로 평가해서 나누어 갖는 게 현실적으로 쉽지 않다. 그러다 보면 동등하게 수익을 나누어 갖든 차등적으로 나누어 갖든 항상 동업자끼리 싸우는 게 "너보다 내가 더 많이 일하는데 내가 더 가져가야겠다"라고 하면서 싸우게 된다.

❝ 동업계약서는 지분비율, 손익분배비율, 병원가치 산정 등 여러 가지 경우를 구체적으로 기술해야 좋게 헤어질 수 있다. ❞

공동 개원을 하고 나서 다른 사람이 보기에 두 사람 중에 한사람은 열심히 안 하는 경우도 있다. 혹은 병원을 좀 더 투자하고 확장해서 병원의 매출을 늘리자고 공격적으로 투자를 하려고 하는데 동업자끼리 의견이 안 맞을 수도 있다. 그래서 결국은 공동 개원은 끝까지 가는 경우가 없다. 언젠가는 헤어지게 된다. 모범적으로 동업을 한 병원은 길면 10년, 짧게는 1~2년만에 헤어지는 경우도 있다. 중요한 것은 어떻게 헤어지느냐이다. 동업자끼리 심하게 싸우고 헤어지느냐 혹은 소송까지 가서 동업을 끝내냐이다.

병원 동업을 끝낼 때 병원을 제3자한테 팔고 그 돈을 동업자끼리 50%씩 나눠 가지면 깨끗하기라고 할 텐데 현실적으로 병원을 팔기도 어렵다. 대부분 1명이 남고 1명이 나가는 경우가 많다. 그럴 때 어떻게 지분을 정리하느냐가 중요하다.

> ❝ 시중의 샘플 동업계약서를 사용하게 되면
> 나중에 지분 정리할 때 후회한다. ❞

지분을 정리하려면 병원의 가치 산정을 해야 한다. 그런데 병원의 가치를 어떻게 산정하고 어떻게 지분을 정리하는지에 대한 프로토콜이 공동계약서에 정확히 기재되어 있지 않는 게 현실이다. 왜냐하면 처음에 공동 개원할 때 지분 정리에 대해서 심도 있게 고민하지 않았기 때문이다. 그래서 항상 목소리 큰 사람이 이기거나 소송으로 가서 판사가 판정해 주거나 한다.

> ❝ "지분을 정리할 때 병원 권리금을 평가할 수 있는
> 2개의 감정평가사로부터 받은 권리금의 평균액으로 한다"는
> 내용을 공동계약서에 기술하는 것도 고려해야 한다. ❞

공동사업의 지분정리를 하다 보면 결국은 누군가는 손해를 보게 된다. 왜냐하면 정해진 지분정리 프로토콜이 명확히 없기 때문이다. 지분을 정리하고 나면 누군가가 손해보고 서로 사이가 안 좋아진다. 그러니까 지분정리방법과 수익배분방법을 처음부터 정확히 정하지 않았기 때문에 결국은 동업이 깨지게 된다. 왜냐하면 공동계약서에 여러 가지 경우를 표시하려면 그런 데에 대한 경험이 있어야 알고서 표시할 수 있다. 그런데 그런 것에 대한 모든 경우를 경험해 본 사람이 어디 있을까? 다 경험해 봤으면 그 사람은 동업에서 많이 실패를 해 본 사람이 아닐까?

> **"** 정말로 친한 사이가 아니면 하지 마라.
> 그런데 정말로 친한 사람이 세상에 어디 있을까?
> 그만큼 동업은 어렵다. **"**

그런 사람들이 없는 게 일반적이다. 그냥 상식적인 선에 좋게 하면은 합리적으로 결정이 나겠지만 실제로는 그렇게 되지 않는다. 왜냐하면 법적인 지식도 동업자 사이에 차이가 나고 또 선후배 사이가 되면 선배의 목소리가 아무래도 크게 된다. 그렇기 때문에 소송을 가지 않는 한은 어렵다. 소송을 가도 누군가는 억울할 수 밖에 없다. 그런 게 동업이다.

병·의원 동업계약서는 어떻게 만들어야 할까?

동업계약은 민법상 조합계약에 해당한다. 조합은 2인 이상이 금전 기타 재산 또는 노무를 상호 출자하여 공동사업을 경영할 것을 약정함으로써 그 효력이 생긴다(민법 제703조). 병·의원 동업계약서에는 어떤 조항이 들어가야 할까? 동업계약서의 기본조항에는 다음과 같은 조항들이 들어간다.

구분	내용
계약의 목적	공동사업의 목적 및 범위
출자금액 (지분비율 결정)	① 갑과 을이 각각 출자하는 현금, 현물의 규모와 상태와 출자 일자 ② 각자의 출자 현금 및 현물의 평가금액을 기준으로 지분비율을 결정한다. ③ 현물의 평가방법을 기술한다.

구분	내용
	④ 출자를 미 이행할 경우 강제 이행 여부 ⑤ 공동 개원 이후 필요한 추가 투자에 대한 조건
역할의 분담 및 대표자	① "갑"은 진료 외에 회사의 전반적인 경영 관리업무(재무관리 및 직원교육)를 주로 하며 병원의 대표직을 수행한다. ② "을"은 진료 외에 영업업무(마케팅과 대외업무)를 주로 하며 병원의 공동대표직을 수행한다. ③ 임직원의 임면 등 인사는 "갑"과 "을"이 협의하여 결정한다. ④ "갑"과 "을"은 진료 외에 각자 맡은 업무를 매년 순환하는 방식으로 변경한다. ⑤ 기타 의사결정의 방법과 원칙을 기술한다.
이익과 손실의 배분 (손익분배비율 결정)	① "갑"과 "을"은 ___년 ___월 ___일부터 본 계약기간 중 매 ___개월마다 그 기간 동안의 사업실적을 정산하여 이익을 공동 배분한다. ② "갑"과 "을"이 본 사업으로 손실이 발생하는 경우 그 손실은 공동으로 부담한다.
손실에 대한 책임의 범위	
경업금지	① 상대방의 사전 서면동의가 없는 한 "갑" 또는 "을"은 본 계약상의 사업과 동종의 사업을 독자적으로든 제3자와의 동업으로든 별도로 경영할 수 없다. ② 일방적으로 계약을 해지하는 경우 "갑"과 "을"이 공동으로 경영하고 있던 병원이 위치한 시·군·구에는 개원을 할 수 없다. ③ "갑" 또는 "을"이 이를 위반할 경우 상대방은 그에 따른 손해배상을 청구할 수 있다.
계약의 존속기간	본 계약은 ____년간 유효하며, "갑" 또는 "을"이 상대방에게 해지 또는 종료의사를 표시하지 않는 한 ____년간씩 자동 연장된다.
계약의 해지권	"갑"과 "을"은 ___의 경우에 "을"에 대한 최고기간 없이 계약을 해지할 수 있다.
계약의 해지 및 종료로 인한 원상회복	① "을"은 계약이 해지되거나 종료된 경우 위 "갑"의 출자금액을 그 사유가 있는 날로부터 ____일 이내에 현금으로 "갑"에게 반환하여야 한다.

구분	내용
	② "갑"은 계약이 해지되거나 종료된 경우 위 "을"의 출자금액을 그 사유가 있는 날로부터 ____일 이내에 현금으로 "을"에게 반환하여야 한다.
손해배상	① "갑·을"은 이 계약이 당사자 어느 일방의 귀책사유로 해지 또는 종료된 경우 상대방에게 그 손해를 배상하여야 한다. ② 사업실적을 정산하여 이익을 공동 배분하기 전의 ____%를 의료사고로 인한 손해배상을 위해서 병원 공동자금으로 설정한다. ③ 의료사고로 인한 손해배상을 위해서 _____보험에 가입한다.
공증	갑과 을은 본 계약 체결과 동시에 본 계약서를 공증하고 그 비용은 반분하여 부담한다.
분쟁의 해결	본 계약과 관련하여 발생하는 모든 분쟁은 "갑"과 "을"이 협의하여 해결한다. 협의에 의해 해결되지 않을 경우에는 대한상사중재원의 중재에 의해 최종적으로 해결한다.

동업계약서의 해지사유를 구체적으로 기재하고 동업계약 해지시 지분 정리방법을 포함하는 것이 좋다.

① 해지시 권리금을 어떻게 평가할 것인지 여부

● 권리금을 평가하지 않고 최초의 출자금액만 반환한다.

● 해지일 기준 영업권을 포함한 병·의원의 가치를 평가해서 산출된 평가액에 탈퇴하는 동업자의 지분비율을 곱한 금액을 반환한다.

② 탈퇴하는 공동사업자의 책임 및 경업금지 등 의무유지 사항

공동사업자가 사망할 경우 처리방법도 미리 공동계약서에 고려해야 할 사항이다. 신규 공동사업구성원을 추가할 경우 참여방법(예: 지분평

가) 및 공동사업자 폐업 시 잔여재산의 분배방법 그리고 의료사고가 발생할 경우 해결방법 등도 공동계약서에 구체적으로 기술하는 것이 미래의 분쟁을 줄이는 데에 도움이 된다.

⚽ 영업양도인의 경업금지(상법 제41조)

① 영업을 양도한 경우에 다른 약정이 없으면 양도인은 10년간 동일한 특별시·광역시·시·군과 인접 특별시·광역시·시·군에서 동종영업을 하지 못한다.

② 양도인이 동종영업을 하지 아니할 것을 약정한 때에는 동일한 특별시·광역시·시·군과 인접 특별시·광역시·시·군에 한하여 20년을 초과하지 아니한 범위 내에서 그 효력이 있다.

💬 병·의원의 가치평가는?

병원의 가치평가는 어떻게 할까? 의료기기, 인테리어, 사무용비품 등 유형자산은 중고시세를 반영하거나 장부가액을 사용한다. 진료비 미수금의 대손가능성도 감안하는 것이 합리적이다.

임차보증금 + 유형자산 + 영업권 − 부채 = 병의원 가치평가액 동업계약 해지시 지분평가액은 어떻게 계산할까?

예를 들면, 임차보증금 2억원, 유형자산 3억원, 영업권 2억원, 부채 1억일 경우 병·의원의 가치는 6억원이다. 공동사업자의 지분비율은 50:50일 경우 1명의 공동사업자가 공동사업을 탈퇴하고 해지할 경우 지분평가액은 6억원의 50%인 3억원이 된다.

 병·의원 권리금과 영업권이 똑같은 걸까?

"권리금"이란 임대차 목적물인 상가건물에서 영업을 하는 자 또는 영업을 하려는 자가 영업시설·비품, 거래처, 신용, 영업상의 노하우, 상가건물의 위치에 따른 영업상의 이점 등 유형·무형의 재산적 가치의 양도 또는 이용대가로서 임대인, 임차인에게 보증금과 차임 이외에 지급하는 금전 등의 대가를 말한다(상가임대차보호법 제10조의 3 제1항). 이러한 권리금은 시설권리금, 영업권리금 그리고 바닥권리금으로 구성된다. 영업권리금과 바닥권리금은 그 구분이 모호하다.

시설권리금	영업권리금	바닥권리금
• 해당 점포 내 인테리어, 시설장비, 집기, 비품 재고 등 해당 사업에 존재하는 유형자산의 양도로 지급되는 권리금	• 거래처 목록, 신용, 영업상의 노하우 등 해당 점포에 존재하는 무형의 자산에 대한 대가로 지급되는 권리금	• 해당 점포의 위치 및 상권에 대한 대가로서 해당 점포의 위치에 존재하는 무형의 자산에 대한 권리금으로서 "자릿세"라고도 한다.

따라서 각 권리금은 구분해서 작성하여야 하되 시설권리금은 반드시 구분해서 작성해야 한다. 왜냐하면 복식부기 의무자인 병·의원의 경우 시설권리금은 사업소득에 속한 반면 영업권리금과 바닥권리금은 기타소득에 해당하기 때문이다. 기타소득은 필요경비의제 규정에 따라서 40%만 신고하되 사업소득은 100% 신고하게 된다.

구분		소득의 종류	신고금액
유형자산	시설권리금	사업소득 (복식부기 의무자)	100%를 신고
영업권 (점포임차권 포함)	영업권리금	기타소득	40% 신고
	바닥권리금	기타소득	40% 신고

❝ 영업권이란? ❞

영업권이라 함은 그 기업의 전통, 사회적 신용, 입지조건, 특수한 제조기술 또는 거래관계의 존재 등 영업상의 기능 내지 특성으로 인하여 동종의 사업을 영위하는 다른 기업의 통상수익보다 높은 수익을 올릴 수 있는 "초과수익력"이라는 무형의 재산적 가치를 말한다(대법원 2000두 7766, 2002.4.12.).

대법원 판례에 의하면 병원이나 산후조리원처럼 영업권을 갖는 사업체가 거래의 객체가 되는 경우에 당연히 그 부분에 대한 대가를 주고받을 것으로 예상할 수 있으므로 지분의 시세나 시가에는 영업권의 평가가 포함된다고 보는 것이 자연스러운 해석이므로 지분에 영업권이 포함되어 있다고 본다. 반면에 권리금은 지분이나 영업권과 다른 것으로 공동계약서의 내용에 따라서 인정 여부가 달라질 수 있다. 구체적으로 동업계약서에 "개원 후 5년 이내에 동업관계에서 탈퇴할 때에는 지분에 해당되는 만큼만 가지고 나갈 수 있도록 한다. 단, 권리금을 포기한다"라고 정했다. 만약 3년만에 동업자 중의 한 명이 탈퇴하고 지분의 환급을 다른 동업자에게 청구한 경우 지분에서 영업권이 제외될 수 있을까? 기존 동업계약서에는 권리금의 개념을 정한 조항이 없었다. 대신 "병원에 대한 기여도를 평가할 때는 진료 이외에 경영 참여, 대외적인 활동 등을 포함시키는 것으로 한다"라고 정했을 뿐이었다. 이에 대법원은 계약서에서 정한 "권리금"이라는 용어에 영업권이 포함된다고 해석할 수 없다고 판단했다.

66 소득세법상 영업권은? 99

소득세법상 기타소득으로 분류되는 영업권에는 행정관청으로부터 인가·허가·면허 등을 받음으로써 얻는 경제적 이익을 포함하되, 토지, 건물 그리로 부동산상의 권리와 함께 양도되는 영업권은 포함되지 않는다(소득세법 시행령 제41조 제3항). 기타소득으로 분류되는 영업권에는 거주자가 사업소득(기획재정부령으로 정하는 사업소득을 제외)이 발생하는 점포를 임차하여 점포 임차인으로서의 지위를 양도함으로써 얻는 경제적 이익(점포임차권과 함께 양도하는 다른 영업권을 포함한다)을 포함한다.

무형고정자산에 속하는 영업권에는 다음 각 호의 것이 포함되는 것으로 한다(소득세법 통칙 33-62…2).

1. 사업의 양수·도과정에서 양수도 자산과는 별도로 양도사업에서 소유하고 있는 허가인가 등 법률상의 특권, 사업상 편리한 지리적 여건, 영업상의 비법, 신용명성거래선 등 영업상의 이점 등을 감안하여 적절한 평가방법에 따라 유상으로 취득한 가액

2. 사업인가 당시 인가조건으로 부담한 기금(반환받을 수 있는 경우를 제외한다) 및 기부금 등

3. 등록된 관광사업용 버스와 이에 따른 제 권리 등을 함께 양수함에 있어서 버스 자체의 대가 외에 관광사업에 따른 권리금을 별도로 평가하여 지급한 경우 그 가액

4. 양곡의 하역 및 보관업을 영위하는 자가 기계화로 인하여 실직되는 기존 노무자의 생계를 위한 일종의 보상적 성질로 일정 하역량에 달할 때까지 인가조건에 따라 지급하는 보상금

5. 지입차량을 직영화함에 따라 지입차주로부터 차량을 매입하는 경우 차량자체대금 외의 권리금(t.o.대금)이 포함되어 있는 경우의 그 권리금

6. 특정사업의 면허를 취득하기 위하여 동업자조합 또는 협회에 가입할 때 지급하는 것으로서 반환 청구할 수 없는 입회금

❝ 법인세법상 영업권은? ❞

법인세법상 영업권에는 다음 각 호의 금액이 포함되는 것으로 한다 (법인세법 시행규칙 제12조).

① 사업의 양도·양수과정에서 양도·양수자산과는 별도로 양도사업에 관한 허가·인가 등 법률상의 지위, 사업상 편리한 지리적 여건, 영업상의 비법, 신용·명성·거래처 등 영업상의 이점 등을 고려하여 적절한 평가방법에 따라 유상으로 취득한 금액

② 설립인가, 특정사업의 면허, 사업의 개시 등과 관련하여 부담한 기금·입회금 등으로서 반환 청구를 할 수 없는 금액과 기부금 등

❝ 권리금과 영업권의 차이점은? ❞

영업권은 무형의 재산으로만 구성되는 반면 상가권리금은 영업시설·비품 등 유형재산과 신용, 영업상의 노하우, 상가건물의 위치에 따른 영업상의 이점 등 무형재산으로 구성된다. 권리금을 감정평가할 때에는 유형·무형의 재산마다 개별로 감정평가하는 것을 원칙으로 하되(국토교통부의 감정평가 실무기준) 유형자산은 원가법을 무형재산은 수익환원법을 원칙으로 한다. 반면에 영업권을 감정평가할 경우에는 수익환원법을 원칙으로 하되 수익환원법을 적용하는 것이 불가능하거나 부적절한 경우에는 거래사례비교법이나 원가법을 적용할 수 있다.

병·의원 권리금은 어떻게 평가하지?

다음과 같은 경우에 병·의원 권리금을 평가하게 된다.

① 병·의원을 양수도 할 경우
② 단독으로 개원한 병·의원에 다른 의사가 공동사업자로 들어올 경우 기존 병·의원의 가치평가
③ 공동 개원한 병·의원의 공동사업자 중 한 명이 동업 해지할 경우 지분에 따른 가치평가

위의 경우에 권리금은 어떻게 평가할까?

❝ 권리금이란? ❞

"권리금"이란 임대차 목적물인 상가건물에서 영업을 하는 자 또는 영업을 하려는 자가 영업시설·비품, 거래처, 신용, 영업상의 노하우, 상가건물의 위치에 따른 영업상의 이점 등 유형·무형의 재산적 가치의 양도 또는 이용대가로서 임대인, 임차인에게 보증금과 차임 이외에 지급하는 금전 등의 대가를 말한다.

"유형재산"이란 영업을 하는 자 또는 영업을 하려고 하는 자가 영업활동에 사용하는 영업시설, 비품, 재고자산 등 물리적·구체적 형태를 갖춘 재산을 말한다. 반면에 "무형재산"이란 영업을 하는 자 또는 영업을 하려고 하는 자가 영업활동에 사용하는 거래처, 신용, 영업상의 노하우, 건

물의 위치에 따른 영업상의 이점 등 물리적·구체적 형태를 갖추지 않은 재산을 말한다.

권리금을 감정평가할 때에는 유형·무형의 재산마다 개별로 감정평가하는 것을 원칙으로 한다(국토교통부의 감정평가 실무기준). 단, 권리금을 개별로 감정평가하는 것이 곤란하거나 적절하지 아니한 경우에는 일괄하여 감정평가할 수 있다. 이 경우 감정평가액은 합리적인 배분기준에 따라 유형재산가액과 무형재산가액으로 구분하여 표시할 수 있다. 유형재산과 무형재산을 일괄하여 감정평가할 때에는 수익환원법을 적용하여야 한다. 수익환원법을 적용하는 것이 곤란하거나 부적절한 경우에는 거래사례비교법 등으로 감정평가할 수 있다.

❝ 유형재산 평가는 원가법이 원칙! ❞

유형재산을 감정평가할 때에는 원가법을 적용하여야 한다. 원가법을 적용하는 것이 곤란하거나 부적절한 경우에는 거래사례비교법 등으로 감정평가할 수 있다. 병·의원의 경우 인테리어, 의료기기, 전기설비, 냉동설비, 세탁설비 등, 비품, 의약품 재고 등을 유형자산으로 본다.

❝ 무형재산 감정평가는 수익환원법이 원칙! ❞

무형재산을 감정평가할 때에는 수익환원법[6]을 적용하여야 한다. 수익환원법이란 미래 순현금흐름의 현재가치를 계산하는 "현금흐름할인법"

---

6) 관행상 적용하는 5년의 영업기간이 아닌 감정평가를 하는 해당 업종의 특성을 고려하여 영업기간을 고려해야 한다. 병·의원은 5년을 적용하는 것으로 보인다.

을 말한다. 병·의원의 경우 향후 5년동안 발생할 미래 순현금흐름에 적정한 할인율을 적용해서 현재가치화 하여 평가한 금액을 영업권으로 한다. 수익환원법을 적용하는 것이 곤란하거나 부적절한 경우에는 거래사례비교법이나 원가법 등으로 감정평가할 수 있다. 무형재산을 수익환원법으로 감정평가할 때에는 무형재산으로 인하여 발생할 것으로 예상되는 영업이익이나 현금흐름을 현재가치로 할인하거나 환원하는 방법으로 감정평가한다. 다만, 무형재산의 수익성에 근거하여 합리적으로 감정평가할 수 있는 다른 방법이 있는 경우에는 그에 따라 감정평가할 수 있다. 병·의원의 경우 해당 병원의 위치, 인지도, 기존 환자의 차트 수, 영업 노하우 등을 무형재산으로 본다.

❝ 무형재산을 거래사례비교법으로 감정평가하는 경우 ❞

무형재산을 거래사례비교법으로 감정평가할 때에는 다음 각 호의 어느 하나에 해당하는 방법으로 감정평가한다. 다만, 무형재산의 거래사례에 근거하여 합리적으로 감정평가할 수 있는 다른 방법이 있는 경우에는 그에 따라 감정평가할 수 있다.

① 동일 또는 유사 업종의 무형재산만의 거래사례와 대상의 무형재산을 비교하는 방법
② 동일 또는 유사 업종의 권리금 일체 거래사례에서 유형의 재산적 가치를 차감한 가액을 대상의 무형재산과 비교하는 방법

" 무형재산을 원가법으로 감정평가하는 경우 "

무형재산을 원가법으로 감정평가할 때에는 대상 상가의 임대차 계약 당시 무형재산의 취득가액을 기준으로 취득 당시와 기준시점 당시의 수익 변화 등을 고려하여 감정평가한다. 다만, 무형재산의 원가에 근거하여 합리적으로 감정평가할 수 있는 다른 방법이 있는 경우에는 그에 따라 감정평가할 수 있다.

" 영업권은 어떻게 평가하지? "

대법원에 의하면 영업권이라 함은 그 기업의 전통, 사회적 신용, 입지조건, 특수한 제조기술 또는 거래관계의 존재 등 영업상의 기능 내지 특성으로 인하여 동종의 사업을 영위하는 다른 기업의 통상수익보다 높은 수익을 올릴 수 있는 초과수익력이라는 무형의 재산적 가치를 말한다 (대법원 2000두7766, 2002.4.12.).

" 영업권은 수익환원법을 사용하여 감정평가한다. "

권리금을 감정평가할 때에는 유형·무형의 재산마다 개별로 감정평가하는 것을 원칙으로 하되(국토교통부의 감정평가 실무기준) 유형자산은 원가법을 무형재산은 수익환원법을 원칙으로 한다. 반면에 영업권을 감정평가할 경우에는 수익환원법을 원칙으로 하되 수익환원법을 적용하는 것이 불가능하거나 부적절한 경우에는 거래사례비교법이나 원가법을 적용할 수 있다. 수익환원법은 영업권을 초과이익의 현재가치로 보고 영업권의 가치를 산정하는 방법이다.

❝ 상증세법상 개인으로서 경영하는 사업체의 영업권 평가방법은? ❞

상속세 및 증여세법 시행령 제59조 제2항에 의하면 영업권의 평가는 초과이익 개념을 활용하고 있다. 다음 산식에 의하여 계산한 초과이익 금액을 평가기준일 이후의 영업권 지속연수(원칙적으로 5년[7])으로 한다)를 고려하여 환산한 가액에 의한다. 즉, 초과이익금액에 기간 5년에 이자율 10%의 정상연금 현가계수 3.79087을 곱한다.

[최근 3년 간의 순손익액의 가중평균액[8])×50%-
(평가기준일 현재의 자기자본×10%[9])]× 3.79087

(1) 개인으로서 경영하는 사업체의 영업권을 평가하는 경우 영 제59조 제2항에 따라 평가기준일 전 최근 3년 간의 순손익액의 가중평균액을 계산할 때 영 제56조 제4항에 따른 「법인세법」상 각 사업연도소득은 「소득세법」상 종합소득금액[10])으로 보며 같은 조 같은 항 각 호의 1에 규정하는 금액은 「소득세법」상 동일한 성격의 금액을 적용하여 계산한다.

(2) 개인으로서 경영하는 사업체의 영업권을 「상속세 및 증여세법 시행령」제59조 제2항의 규정에 의하여 평가할 때, "최근 3년간(3년에 미달하는 경우에는 당해 연수로 한다)의 순손익액의 가중평균액"은 같은 법 시행령 제56조 제1항의 규정을 준용하여 평가하는 것으로 평가기

---

7) 병·의원의 경우 향후 5년동안 발생할 미래 순현금흐름에 적정한 할인율을 적용해서 현재가치화 하여 평가한 금액을 영업권으로 한다.

8) 연도별 비중치는 작년의 이익 (3), 재작년의 이익 (2), 재재작년의 이익 (1)이다. 가장 가까운 기간 에 대한 이익에 더 많은 가중치인 3을 부여한다.

9) 1년 만기 정기예금이자율을 고려하여 기획재정부령으로 정하는 율

10) 서면인터넷방문상담4팀-3279 등 다른 예규를 고려하면 여기서 종합소득금액이란 사업소득금 액을 의미하는 것으로 보여 진다. 따라서 사업소득 산출세액을 법인세 결정세액 대신 사용하면 될 것으로 보인다.

준일 이전 1년, 2년 및 3년이 되는 사업연도의 사업소득금액을 기준으로 하여 계산한다.

(3) 개인으로서 경영하는 사업체의 영업권을 상속세 및 증여세법 시행령 제59조 제2항의 규정에 의하여 평가할 때 순손익액은 사업소득금액 (소득세법 제80조 제3항 단서의 규정에 의하여 소득금액이 추계결정 또는 경정된 경우를 포함)을 기준으로 하여 상속세 및 증여세법 시행령 제56조 제3항의 규정을 준용하여 계산하는 것이며, 자기자본은 평가 기준일 현재 당해 사업과 관련된 자산을 같은 법 제60조 내지 제66조의 규정에 의하여 평가한 가액에서 부채를 차감한 가액으로 하는 것이다. 이 경우 증빙에 의하여 자기자본을 확인할 수 없는 경우에는 같은 영 제59조 제7항의 규정에 의하여 같은 항 각 호의 산식에 의하여 계산한 금액 중 많은 금액으로 평가한다(서면1팀 -488, 2005.5.9. ; 서면4팀-582. 2005.4.15.). 즉, Max(①, ②)로 하되 사업소득금액과 수입금액은 영업권의 양도일이 속하는 연도의 직전 과세연도의 해당 사업부문에서 발생한 것으로 한다. 다만, 자산을 양도한 연도에 양도하는 사업을 새로 개시한 경우에는 사업 개시일부터 양도일까지의 그 양도하는 사업부문에서 발생한 사업소득금액 또는 수입금액을 연(年)으로 환산하여 계산한다.

① 사업소득금액 ÷「소득세법 시행령」제165조 제10항 제1호에서 규정하는 자기자본이익률

② 수입금액 ÷「소득세법 시행령」제165조 제10항 제2호에서 규정하는 자기자본회전율[11]

---

11) 소득세법 시행규칙 제81조 제6항

간편법을 활용한 병·의원 영업권리금을 평가하는 방법은 다음과 같다.

영업권리금 간편법	비고
① 최근 당기순이익(혹은 영업이익) 1년 ~2년치	① 압구정동 등 성형외과와 피부과가 밀집한 지역은 3개월 매출액을 권리금으로 정하는 게 일반적이다. 왜냐하면 비급여 진료가 많기 때문이다.
② 연매출의 3~6개월 가량 (매출액의 25%~50% 해당액) *①과 ②의 금액 차이가 크면 조정을 하는 게 일반적이다.*	② 내과와 이비인후과 등 급여 중심의 병과인 경우 "건강보험 청구액" 기준으로 보통 6개월을 권리금으로 한다. 왜냐하면 성형외과 등과 달리 원장의 명성에 따라서 옮겨갈 가능성이 상대적으로 낮기 때문이다.
③ 인테리어나 의료장비가 별로 없는 병과인 경우 월 평균 매출액의 50% X12개월	③ 차트당 금액을 기준으로 권리금을 산정하는 방법은 최근에 잘 사용하지 않는다.
④ 동일 병과가 아닌 다른 병과가 들어올 경우 약 2천만원~3천만원	

일반과세자가 권리금을 받을 경우 원칙적으로 과세비율에 해당하는 권리금은 부가가치세 과세대상이다.

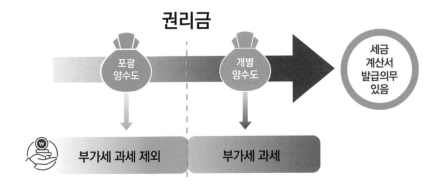

면세사업자가 권리금을 받을 경우 원칙적으로 부가가치세 과세대상이나 부가가치세 10%를 징수하지는 않는다. 면세사업자이기 때문이다. 단, 계산서는 발급해야 한다.

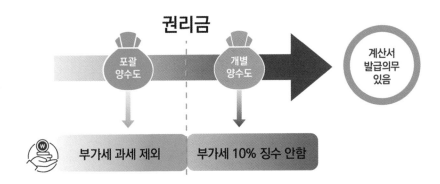

소득의 구분은 다음과 같다.

소득의 구분

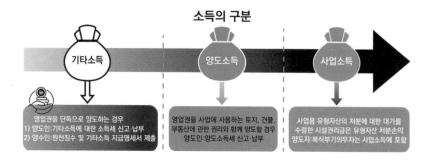

🔍 양도자 측면

❝ 포괄 양수도인 경우(사업용 부동산이 없는 경우) ❞

기타소득이 원천징수 된 경우 그 금액만큼 종합소득세에서 기 납부세액으로 차감한다.

❝ 개별양수도인 경우 ❞

면세사업자는 계산서, 과세사업자는 세금계산서 발급의무가 있다. 과세사업자의 경우 과세비율에 해당하는 권리금에 대해서만 부가가치세 10%를 징수납부해야 한다. 기타소득이 원천징수된 경우 그 금액만큼 종합소득세에서 기 납부세액으로 차감한다.

복식부기 의무자인 병·의원의 시설권리금은 차량, 의료기기, 비품 등 사업용 유형자산을 양도함으로써 발생하는 것으로서 유형자산 처분손익으로서 사업소득에 해당된다. 원칙적으로 소득세법상 유형자산 처분손익은 사업소득에서 제외된다. 그러나 병·의원 같은[12] 복식부기 의무자인 경우에는 사업소득세에 포함된다. 따라서 해당 소득에 대해서 종합소득세 신고·납부를 해야 한다. 그러므로 계약서에 시설권리금을 별도로 구분 표시해야 한다. 시설권리금을 별도로 구분하지 않을 경우 전체 금액을 영업권으로 보고 기타소득 원천징수를 한다.

구분		소득의 종류	신고금액
유형자산	시설권리금	사업소득	100%를 신고
영업권 (점포임차권 포함)	영업권리금	기타소득	40% 신고
	바닥권리금	기타소득	40% 신고

인테리어, 비품, 의료기기 등 유형자산의 양도로 발생된 소득을 사업소득으로 신고하고 영업권의 양도소득에 대하여는 기타소득으로 신고한다. 영업권 가액 중 60%가 필요경비로 인정된다. 실무적으로는 의약품 및 소모품에 해당하는 시설권리금을 사업소득으로 처리하고 인테리어 및 집기 비품 그리고 의료기기는 양도자의 장부금액을 기준으로 양수도

---

12) 간편장부대상자가 시설권리금을 받은 경우 사업소득이 아니다. 기타소득이나 양도소득에도 해당하지 않아서 비과세된다.

처리한다. 따라서 양도자의 장부금액이 양수자의 취득가액으로 계상된다.

양도한 개인은 기타소득금액이 3백만원을 초과하는 경우 다른 소득과 합산하여 다음 해 5월(6월)에 종합소득세를 신고·납부하여야 한다. 원천징수된 경우 그 금액만큼을 기납부세액으로 차감한다.

⊛ 영업권 대가를 분할하여 지급받는 경우 수입시기와 원천징수시기는

① 양도인의 수입시기: 대금청산일, 인도일, 사용수익일 중 빠른 날

② 양수자의 원천징수시기: 대가를 지급할 때마다 원천징수

영업권 대가를 분할해서 지급받는다 하더라도 영업권 전체 가액에 대해서 종합소득세를 신고·납부해야 한다. 따라서 종합소득세 신고 후에 받는 영업권 대가에 대해서는 원천징수를 할 수 없다.

⊛ 원천징수의 배제

소득세법 제127조 제1항 각 호의 소득으로서 발생 후 지급되지 아니함으로써 소득세가 원천징수되지 아니한 소득이 종합소득에 합산되어 종합소득에 대한 소득세가 과세된 경우에 그 소득을 지급할 때에는 소득세를 원천징수하지 아니한다(소득세법 제155조).

⊛ 양도소득세 과세대상 영업권

① 토지, 건물, 부동산에 관한 권리 등 사업용 고정자산과 함께 양도하는

영업권은 양도소득세 과세대상이다(대법 2003두7088, 2005.1.28.).

② 사업용 고정자산과 함께 양도하는 영업권은 양도소득세 장기보유 특별공제가 적용되지 않는다(재일 46014-23, 1997.1.7.).

③ 양도가액을 실지 거래가액에 의하여 양도차익을 산정하는 경우로 서 토지와 영업권을 가액의 구분 없이 일괄하여 양도한 경우 당해 양도자산의 양도가액은 「소득세법 시행령」 제166조 제4항의 규정 에 따라 「부가가치세법 시행령」 제48조의 2 제4항 단서의 규정(감 정평가 가액, 기준시가, 장부가액, 취득가액을 순차적으로 적용한 가액에 의함)에 의하여 안분 계산한다(재산-878, 2009.11.27.).

🔍 양수자 측면

◎ 포괄 양수도인 경우(사업용 부동산이 없는 경우)

구분	양도인	양수인
권리금	기타소득으로 종합소득세 신고대상	① 무형자산으로 5년간 상각 가능 ② 지급하는 권리금의 8.8% 원천징 수의무 및 다음 달 10일까지 신고·납부 ③ 기타소득 지급명세서 제출의무
	계산서(세금계산서) 발급대상 아님	계산서(세금계산서) 수취대상 아님

양수인이 원천징수 의무를 이행하지 않을 경우 원천징수 불이행가산세(미납세액×3%+과소·무납부세액×0.022%×경과일수)가 부과된다. 그리고 기타소득 지급명세서를 제출하지 않은 경우 지급명세서 제출 불성실 가산세 1%(제출하지 않은 지급금액 혹은 불분명한 지급금액 기준)가 부과된다.

(1) 시설권리금

시설권리금이 포함된 가액을 인수한 자산의 장부상 취득가액으로 계상한다. 만약 계약서에 시설권리금이 구분되어 표시되어 있지 않을 경우 시설권리금은 인수한 유형자산의 장부상 취득가액에 포함되기 어렵다. 왜냐하면 명확한 근거 자료가 없기 때문이다. 시설권리금도 원칙적으로 부가가치세 과세대상이므로 세금계산서를 수취했다면 부가가치세 매입세액 공제를 받을 수 있다. 포괄 양수도의 경우 시설권리금에 대해서 부가가치세가 과세되지 않는다. 시설권리금은 다른 권리금과 구분하여 유형자산으로 장부에 계상하고 5년간 감가상각하는 방식으로 매 회계연도마다 비용으로 처리한다.

(2) 영업권리금

양수자는 권리금을 자산으로 계상하고 5년간 감가상각비로 비용 처리하여 종합소득세를 절세할 수 있다. 따라서 양수자는 양도자에게 권리금에 대한 계산서 혹은 세금계산서 발행을 요구해야 한다. 양도자가 계산서 혹은 세금계산서를 발행하지 않을 경우 적격 증빙 미수취 가산세 2%를 부담하고 자산으로 계상할 수 있다. 따라서 해당 자산의 감가상각을 통해서 비용 처리할 수 있다. 포괄 양수도의 경우 영업권리금에 대해서 부가가치세가 과세되지 않는다.

(3) 원천징수 신고·납부

60% 필요경비 차감 후 기타소득금액의 20%를 기타소득세로 원천 징수하고 2%를 지방소득세로 원천징수한다. 즉, 양수자는 지급하는 권리금의 8.8%를 원천징수하여야 한다. 원천징수한 금액은 양수일의 다음 달 10일에 신고·납부한다. 단, 토지, 건물, 부동산에 관한 권리 등과 함께 양도하는 권리금은 양도소득으로 과세한다.

◎ 개별 양수도인 경우

구분	양도인	양수인
영업권리금	기타소득으로 종합소득세 신고 대상	① 5년간 상각 가능 ② 지급하는 권리금의 8.8% 원천징수의무 및 다음 달 10일까지 신고·납부 ③ 기타소득 지급명세서 제출의무
	계산서(세금계산서) 발급대상	계산서(세금계산서) 수취대상
시설권리금	사업소득으로 종합소득세 신고 대상	5년간 상각 가능
	계산서(세금계산서) 발급대상	계산서(세금계산서) 수취대상

양수인이 원천징수 의무를 이행하지 않을 경우 원천징수 불이행가산

세(미납세액×3%+과소·무납부세액×0.022%×경과일수)가 부과된다. 그리고 기타소득 지급명세서를 제출하지 않은 경우 지급명세서 제출 불성실 가산세 1%(제출하지 않은 지급금액 혹은 불분명한 지급금액 기준)가 부과된다.

(1) 시설권리금

시설권리금이 포함된 가액을 인수한 자산의 장부상 취득가액으로 계상한다. 만약 계약서에 시설권리금이 구분되어 표시되어 있지 않을 경우 시설권리금은 인수한 유형자산의 장부상 취득가액에 포함되기 어렵다. 왜냐하면 명확한 근거 자료가 없기 때문이다. 시설권리금도 원칙적으로 부가가치세 과세대상이므로 세금계산서를 수취했다면 부가가치세 매입세액 공제를 받을 수 있다. 시설권리금은 다른 권리금과 구분해서 유형자산으로 장부에 계상하고 5년간 감가상각하는 방식으로 매 회계연도마다 비용으로 처리한다.

(2) 영업권리금

양수자는 권리금을 자산으로 계상하고 5년간 감가상각비로 비용 처리하여 종합소득세를 절세할 수 있다. 따라서 양수자는 양도자에게 권리금에 대한 계산서(면세사업자) 혹은 세금계산서(과세사업자) 발행을 요구해야 한다. 양도자가 계산서 혹은 세금계산서를 발행하지 않을 경우 적격 증빙 미수취 가산세 2%를 부담하고 자산으로 계상할 수 있다. 따라서 해당 자산의 감가상각을 통해서 비용 처리할 수 있다. 포괄 양수도의 경우 영업권리금에 대해서 부가가치세가 과세되지 않는다.

(3) 원천징수 신고·납부

60% 필요경비 차감 후 기타소득금액의 20%를 원천징수하고 기타소득세로 2%를 지방소득세로 원천징수한다. 즉, 양수자는 지급하는 권리금의 8.8%를 원천징수하여야 한다. 원천징수한 금액은 양수일의 다음달 10일에 관할 세무서에 신고·납부한다. 단, 토지, 건물, 부동산에 관한 권리 등과 함께 양도하는 권리금은 양도소득으로 과세한다.

◎ (참고) 권리금 산정방법에 대한 대법원 판례

(1) 감정인의 감정결과는 그 감정방법 등이 경험칙에 반하거나 합리성이 없는 등의 현저한 잘못이 없는 한 이를 존중하여야 한다(대법원 2010.1.2. 선고 2009다84608 판결 등 참조).

(2) 감정인이 이 사건 약국에 대하여 수익환원법에 따른 가액, 거래사례비교법에 따른 가액 및 원가법에 따른 가액을 모두 산정하여 그 가액을 평균한 금액으로 무형 권리금을 산정한 것이 현저히 불합리하다고 보기 어렵다. 따라서 수익환원법에 따라 감정해야 한다는 피고의 주장은 받아들이기 어렵다(서울 동부지방법원 2022.11.23. 선고 2020가합115574 판결).

지분 비율과 손익분배비율은 항상 똑같을까?

A원장과 B원장은 성형외과를 공동으로 개원하기로 결정했다. 각자 1억원씩 투자하기로 했다. 따라서 지분비율은 50:50이 된다. 그런데 A원장은 본인이 선배이니까 손익분배비율은 70:30으로 하자고 한다. 그렇게 해도 될까?

(1) A원장이 명성이 없을 경우

지분비율과 손익분배비율이 일치할 경우에는 세무상의 문제는 없다. 그런데 A원장이 명성 등 특별한 이유가 없는 데도 불구하고 지분비율과 달리 손익분배비율을 20%나 더 가져갈 경우 증여세 문제가 있을 수 있다. 만약, A원장의 명성, 경영능력, 진료시간, 병원에 대한 기여도 등을 종합적으로 고려해서 A원장이 손익분배비율을 20%를 더 가져간다는 합리적인 근거가 있다면 세무상 문제가 없다. 따라서 충분한 근거를 반드시 준비하고 있어야 한다.

(2) A원장이 명성이 있을 경우

A원장은 성형외과의 대학교수를 10년 동안 한 경험도 있고 다른 병원도 운영해 본 경험이 있다. 반면에 B원장은 막 성형외과 전문의를 취득했고 병원을 운영해 본 경험이 없다. 그래서 A원장이 지분비율과 달리 손익분배비율을 20%나 더 가져갔다면 세무상의 문제는 낮아 보인다.

(3) 지분비율과 손익분배비율이 일치할 경우

① 지분비율과 손익분배비율이 일치할 경우에는 세무상의 문제는 없다.

② 동업관계를 오랫동안 지속하는데 유리하다.

(4) A원장과 B원장이 특수관계인데 손익분배비율을 허위로 정했을 경우

동업계약서상 손익분배비율을 허위로 작성한 것이 세무서에 적발된다면 손익분배비율이 가장 큰 A원장의 전체 소득금액으로 계산한다. 게다가 추가적인 세금추징이 발생한다. 따라서 특수관계자 간에 공동 개원을 할 경우에는 손익분배비율을 사실대로 기재해서 세무서에 제출해야한다. 공동사업자가 그 공동사업장에 관한 소득세법 제168조 제1항 및 제2항에 따른 사업자등록을 할 때에는 대통령령으로 정하는 바에 따라 공동사업자(출자공동사업자 해당 여부에 관한 사항을 포함한다), 약정한 손익분배비율, 대표공동사업자, 지분·출자명세, 그 밖에 필요한 사항을 사업장 소재지 관할 세무서장에게 신고하여야 한다(소득세법 제87조).

(5) 공동사업장 등록·신고 불성실가산세(소득세법 제81조의 4)

공동사업장에 관한 사업자등록 및 신고와 관련하여 다음 각 호의 어느 하나에 해당하는 경우에는 다음 각 호의 구분에 따른 금액을 가산세로 해당 과세기간의 종합소득 결정세액에 더하여 납부하여야 한다.

① 공동사업자가 제87조 제3항에 따라 사업자등록을 하지 아니하거나 공동사업자가 아닌 자가 공동사업자로 거짓으로 등록한 경우: 등록하지 아니하거나 거짓 등록에 해당하는 각 과세기간 총수입금액의 0.5%

② 공동사업자가 **제87조 제4항 또는 제5항**에 따라 신고하여야 할 내용을 신고하지 아니하거나 거짓으로 신고한 경우로서 **대통령령으로 정하는 경우**: 신고하지 아니하거나 거짓 신고에 해당하는 각 과세기간 총수입금액의 0.1%

공동 개원하면 수익은 어떻게 나누어 가질까?

공동 개원한 병·의원의 수익을 결산하고 나서 동업자끼리 수익을 배분한다. 예를 들면, 한입병원의 결산을 하고 나서 매출, 비용 그리고 이익이 다음과 같다고 하자. 병·의원의 신고소득률을 40%라고 가정했다.

구분	금액
총수입금액	15억원
신고소득률	40%
이익(병원 사업소득금액)	6억원

공동 개원한 A원장과 B원장의 손익분배비율은 50:50이다. 손익분배비율이 없으면 지분비율대로 나누어 가진다. 따라서 A원장과 B원장은 병원의 수익을 다음과 같이 나누어 가진다. 종합소득공제는 1천만원이라고 가정했다.

구분	단독 개원 가정	A원장	B원장
병원의 사업소득금액	6억원	3억원	3억원
사업소득금액(임대업)	–	–	–
이자소득금액			
배당소득금액			
근로소득금액	–		
연금소득금액		–	–
기타소득금액			
종합소득금액	6억원	3억원	3억원
종합소득공제	10,000,000원	10,000,000원	10,000,000원
과세표준	590,000,000원	290,000,000원	290,000,000원
종합소득세율	40%	38%	38%
산출세액	2.1억원	90.26백만원	90.26백만원

중요한 점은 공동 개원이 항상 단독 개원보다 유리하다고 할 수 없다는 것이다.

공동 개원할 경우 사업자등록 및 종합소득세 신고는?

(공동 병원장)

공동 개원할 경우 사업자등록, 성실신고확인대상자, 출자금에 대한 이자비용 처리여부 그리고 종합소득세 신고·납부는 다음과 같다.

사업자등록	• 손익분배비율이 정해진 공동계약서를 같이 제출해야 한다. • 면허자와 비면허자와의 공동 개업은 불가능하다.
성실신고 확인대상자	• 공동사업장의 전체 매출액을 기준으로 성실신고확인대상에 포함되는지 여부를 판단한다. • 공동사업장의 전체 매출액이 5억원 이상이면 성실신고확인대상자이다.
출자금에 대한 이자비용	• 공동 개업 시 출자한 돈에 대한 이자비용은 인정되지 않아서 비용 처리가 안된다. • 공동 개업 후 받은 대출이 사업과 관련이 있다면 이자비용은 비용 처리가 된다.
종합소득세 신고	• 동업계약서상 손익분배 기준에 따라 안분하여 계산한다. • 안분된 순이익에서 각자 소득공제와 세액공제를 반영해서 종합소득세를 신고·납부한다.

◎ 공동 개원할 경우 사업자등록 신청 시 제출서류는?

공동사업자가 그 공동사업장에 관한 소득세법 제168조 제1항 및 제2항에 따른 사업자등록을 할 때에는 대통령령으로 정하는 바에 따라 공동사업자(출자공동사업자 해당 여부에 관한 사항을 포함한다), 약정한 손익분배비율, 대표공동사업자, 지분·출자명세, 그 밖에 필요한 사항을 사업장 소재지 관할 세무서장에게 신고하여야 한다(소득세법 제87조 제4항).

① 사업자등록신청서
② 임대차계약서 사본(사업장을 임차한 경우): 공동대표 1인의 명의로 작성된 임대차계약서도 가능하다.
③ 의료기관개설신고증 또는 허가증
  • 인·허가 등 사업을 영위하는 경우 허가·등록·신고증 사본

- 허가(등록, 신고) 전에 등록하는 경우 허가(등록)신청서 등 사본 또는 사업계획서

④ 동업계약서(공동사업자인 경우): 손익분배비율이 반드시 기재되어 있어야 한다.

⑤ 공동사업자별 신분증 사본

⑥ 공동사업자 명세(국세청 서식)

◎ 공동사업자 구성원 변경에 대한 정정신고

부가가치세법 제5조의 규정에 의하여 사업자등록을 한 공동사업자가 1인을 추가하여 사업을 하고자 하는 경우에는 새로 추가되는 사업자의 손익분배비율 등이 기재된 동업계약서와 사업자등록증을 첨부하여 부가가치세법 시행령 제11조 제1항의 규정에 의하여 사업장 관할 세무서장에게 사업자등록을 정정신청 하여야 한다(서면인터넷방문상담3팀-745, 2005.5.31.).

네트워크 병원과 MSO

네트워크 병원이란?

◎ 네트워크 병원이란?

　네트워크 병·의원은 의료기관 이름 가운데 네트워크 이름을 공동으로 사용하고, 치료재료를 공동으로 구매하며, 진료기술과 마케팅 방식 등을 공유하는 병·의원 네트워크를 가리키는 것으로 2000년대 이후 제1차 의료기관을 중심으로 유행하였다. 1993년 기준 국내 네트워크 병원 수는 13개에 불과하였으나, 2008년 160개, 2011년 560개로 급격히 늘어났고 지금도 계속 증가하고 있다. 또한 정부도 서비스산업의 경쟁력을 강화하여 차기 성장동력으로 삼기 위하여 의료기관의 네트워크화를 장려하였고, 네트워크 방식의 운영을 활성화시키기 위한 다양한 연구가 진행되었다(대법원 2019.5.30. 선고 2015두36485).

◎ 네트워크 병원의 법적, 경제적 구조는?

　네트워크 병원은 다음의 3가지로 구분되고 이 중 프랜차이즈형은 네트워크에 속한 병원들 간에 진료방식이나 마케팅 등을 공유할 뿐 병·의원의 운영권은 지점의 원장에게 속한다(대법원 2019.5.30. 선고 2015두36485).

① 프랜차이즈형: 여러 명의 의료인이 각자 자신이 소유하는 의료기관을 개설·운영하면서 단순히 의료기관 명칭만 공동으로 사용하는 경우
② 오너형 또는 전부 출자형: 배후의 의료인이 자금조달, 인력채용 등

주도적으로 지배하는 경우

③ 조합형 또는 지분투자형: 배후의 의료인이 지분을 투자하여 명목상 의료인이 개설한 의료기관에 참여하는 유형

다만, 위와 같은 모든 유형의 네트워크 병원이 금지되는 것이 아니라, 배후의 특정 의료인이 여러 개의 의료기관을 사실상 주도적으로 지배하고 운영하는 경우에 한해서만 의료법 제33조 제8항의 복수개설 금지 규정에 저촉된다고 볼 수 있다. 이와 같이, 반드시 1인의 의료인이 다수의 의료기관을 소유하고 지배하지 않더라도, 의료법을 준수하면서 얼마든지 병원 이름을 공동으로 사용하고, 치료재료를 저렴하게 공동으로 구매하며, 진료기술이나 마케팅 방식 등을 함께 공유하고, 네트워크 병원의 장점들을 활용하여 병원을 적법하게 운영할 수가 있는 것이다[13]. 지금은 프랜차이즈형 네트워크 병원과 병영경영지원회사(Management Service Organization)가 결합된 네트워크 추구형 MSO가 일반적이다.

◎ 네트워크 병원의 장점은?

① 네트워크에 속한 병·의원들이 공동구매를 통해서 의료기기나 의약품 및 의료 소모품을 병원경영지원회사(Management Service Organization)로부터 다른 일반 개원의들보다 상대적으로 저렴하게 공급받을 수 있어 경쟁력이 커진다.

② 이미 브랜드가 확보된 네트워크 병원에 가입하기 때문에 병원 브랜드에 대한 홍보 부담감이 낮다. 게다가 브랜드 홍보 비용도 공동으

---

13) 네트워크병원과 의료기관 복수 개설·운영 금지 제도에 관한 고찰, 김준래, p290

로 지출하기 때문에 네트워크에 소속된 병원당 홍보비는 매우 낮아진다.

③ 네트워크 병원간 진료 동영상 등을 통해 발전된 진료기술을 공유할 수 있으므로 환자를 유치할 때에도 유리하다.

④ 경영지원회사(MSO)로부터 전문적인 노무, 세무, 법률 상담을 받을 수 있다.

◎ 네트워크 병원의 단점

① 한 곳의 네트워크 병원에서 발생한 불미스러운 의료사고로 인해 전체 네트워크 병원의 이미지를 떨어트릴 수 있다.

② 네트워크 병원 간에 진료의 내용과 질이 다를 수 있다.

③ 가입보증금 뿐만 아니라 매달 브랜드 사용료를 경영지원회사(MSO)에 납부해야 한다. 반면에 경영지원회사로부터 받는 지원은 원장의 기대에 미치지 못할 수 있어 네트워크에 대한 불만이 쌓일 수 있다. 궁극적으로는 네트워크에서 탈퇴할 수도 있다.

◎ 네트워크 병원에 대한 대법원 판례의 태도

대법원 2018.7.12. 선고 2018도3672 판결은, 「의료법 제4조 제2항은 "의료인은 다른 의료인의 명의로 의료기관을 개설하거나 운영할 수 없다."라고 규정하고, 의료법 제33조 제8항 본문은 "의료인은 어떠한 명목으로도 둘 이상의 의료기관을 개설·운영할 수 없다."라고 규정하고 있다(이하 의료법 제33조 제8항 본문의 금지규정을 '1인 1개설·운영 원칙'이라 한다). 이러한 의료법의 규정 내용 등에 비추어 보면, 1인 1개설·운영 원칙에 반하는 행위 중, 의료기관의 중복 개설이란 '이미 자신의 명의로 의료기관을 개설한 의료인이 다른 의료인 등의 명의로 개설한 의료기관에서 직접 의료행위를 하거나 자신의 주관 아래 무자격자로 하여금 의료행위를 하게 하는 경우'를, 그와 구분되는 의료기관의 중복 운영이란 '의료인이 둘 이상의 의료기관에 대하여 그 존폐·이전, 의료행위 시행 여부, 자금 조달, 인력·시설·장비의 충원과 관리, 운영성과의 귀속·배분 등의 경영사항에 관하여 의사결정권한을 보유하면서 관련 업무를 처리하거나 처리하도록 하는 경우'를 뜻한다. 의료기관의 중복운영에 해당하면 중복개설에 해당하지 않더라도 1인 1개설·운영 원칙에 위반한 것이 된다. 나아가 구체적인 사안에서 1인 1개설·운영 원칙에 어긋나는 의료기관의 중복 운영에 해당하는지를 판단할 때에는 위와 같은 운영자로서의 지위 유무, 즉 둘 이상의 의료기관 개설 과정, 개설명의자의 역할과 경영에 관여하고 있다고 지목된 다른 의료인과의 관계, 자금조달 방식, 경영에 관한 의사결정 구조, 실무자에 대한 지휘·감독권 행사주체, 운영성과의 분배형태, 다른 의료인이 운영하는 경영지원 업체가 있을 경우 그 경영지원 업체에 지출되는 비용규모 및 거래내용 등의 제반사정을 고려하여야 한다. 이를 바탕으로, 둘 이상의 의료기관이 의사결정과 운영성과 귀속 등의 측면에서 특정 의료인에게 좌우되지 않고 각자 독자성을 유지하고 있는지, 아니면 특정 의료인이 단순히 협력관계를 맺거나 경영지원 혹은 투자를 하는 정도를 넘어 둘 이상의 의료기관의 운영을 실질적으로 지배·관리하고 있는지를 살펴보아야 한다.」라고 판시하고 있다.

MSO는 직접적인 의료행위 외에 의료장비와 의약품 & 의료 소모품 구매, 인력관리, 진료비 청구 및 회수 서비스, 경영 컨설팅, 마케팅, 홍보, 병원 인테리어나 병원 시설관리업무 지원 등 병원 경영 전반에 필요한 서비스를 제공하는 회사를 말한다. 병·의원은 의료행위에 집중하고 의료행위 외의 인사, 노무, 세무 등 경영관리 분야는 전문적인 MSO 법인에 위탁을 맡겨서 병·의원 운영의 효율성을 높이는 데 목적이 있다. 대신 병·의원은 제공받은 서비스에 대해서 MSO 법인에 수수료를 지급해야 한다.

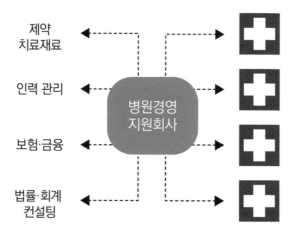

MSO 법인은 의료법에 따라서 의료서비스 제공에 관여할 수 없고 병·의원을 소유하는 것은 금지되어 있으므로 주의해야 한다. 대법원 판례에 의하면 금지되는 의료기관 개설행위는 비의료인이 그 의료기관의 시설 및 인력의 충원·관리, 개설신고, 의료업의 시행, 필요한 자금의 조달,

그 운영성과의 귀속 등을 주도적인 입장에서 처리하는 것을 의미한다
(대법원 2009도2629판결).

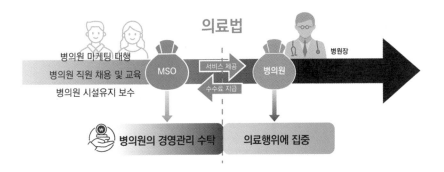

◎ MSO 법인(병원경영지원회사)에 대한 지분출자 – 특정 병·의원 전담 MSO

신규 MSO 법인의 주주는 병·의원의 원장, 배우자 혹은 자녀가 될 수
있다. 만약 MSO 법인의 주주가 병원장의 특수관계인일 경우 지급한 수
수료의 가격이 "부당행위계산의 부인" 차원에서 적정한지 여부가 주요
쟁점 중의 하나이다.

◎ MSO 법인(병원경영지원회사)에 대한 지분출자 – 네트워크 추구형 MSO

병·의원은 제3자인 기존의 MSO 법인에 병·의원의 원장·배우자가 지
분을 출자하는 조건으로 기존 MSO 법인과 병원 지원 계약을 체결할 수
도 있다.

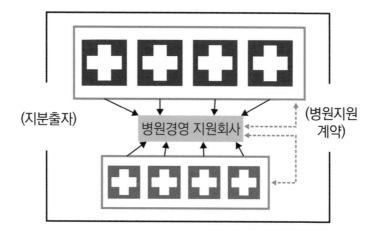

병·의원은 제공받은 서비스에 대해서 MSO 법인에 수수료를 지급해야한다. MSO 법인에서 발생한 이익은 주주인 병·의원에게 배당의 형태로배분된다. MSO 법인의 주주들이 지급받는 배당소득이 연간 2천만원을초과하지 않을 경우 15.4%(지방소득세 포함)의 소득세율을 적용받는다.

⊚ 네트워크 병원과 병원경영지원회사(MSO)의 관계14)

경영지원회사(Management Service Organization, MSO)라 함은의료행위 외에 병원 경영 전반에 관한 서비스, 즉 구매, 인력관리, 마케팅, 회계 등의 병원경영지원서비스를 제공하는 회사를 의미하며, 이른바'MSO'라고도 한다.

현행법상 의료인의 의료기관 개설과 운영을 지원하는 형태의 병원경영지원회사는 합법적으로 허용된다. 다만 의료인이 둘 이상의 의료기관을 개설하고 운영하면서 이를 주도적으로 지배하기 위한 수단으로 만드

---

14) 네트워크병원과 의료기관 복수 개설·운영 금지 제도에 관한 고찰, 김준래, p291

는 실질이 없는 형식상의 회사는 위법하며 허용되지 않는다. 즉, 개설 명의 의료인의 의료기관 개설과 운영권을 실질적으로 침해하는 병원경영지원회사는 위법하며, 이는 병원경영지원회사라고 할 수도 없다. 참고로 병원경영지원회사는 상법상의 회사로서 영리추구가 주된 목적인데, 만일 의료인이 의료기관을 지배·운영하기 위한 도구로 병원경영지원회사를 위법하게 설립하여 사용한다면, 이는 영리를 목적으로 하는 회사가 의료기관을 실질적으로 지배, 운영하는 것으로, 이른바 '사무장 병원'에 해당하는 것이다. 이는 영리만을 목적으로 하는 회사라는 점에서 오히려 전형적인 사무장병원보다도 비난 가능성이 더욱 높다고 볼 수 있다. 반면, 의료기관 개설·운영 주체인 의료인의 전속적인 개설·운영권은 침해하지 않으면서, 구매대행, 인력관리, 법률, 회계 컨설팅 등 비용절감에 도움을 주는 순수한 의미의 독립적인 병원경영지원회사는 합법적으로 허용된다.

MSO 법인과 부당행위계산의 부인

◎ MSO 법인과 부당행위계산의 부인

부당행위계산의 부인은 일정한 특수관계자 사이의 거래가 사회통념이나 관습에 비추어 볼 때 합리적인 경제인이 취할 정상적인 거래로 볼 수 없어 조세의 부담을 부당하게 감소시킨 것으로 인정되는 경우 이를 부인하고 법령이 정하는 방법으로 정부가 소득금액을 계산하는 제도이다

(서울행정법원-2023-구합-58343, 2024.1.19.). 부당행위계산 부인은 경제인의 입장에서 볼 때 부자연스럽고 불합리한 행위계산을 함으로 인하여 경제적 합리성을 무시하였다고 인정되는 경우에 한하여 적용되는 것으로, 경제적 합리성의 유무에 대한 판단은 거래행위의 여러 사정을 구체적으로 고려하여 과연 그 거래행위가 건전한 사회통념이나 상관행에 비추어 경제적 합리성을 결한 비정상적인 것인지의 여부에 따라 판단하되, 비특수관계인 간의 거래가격, 거래 당시의 특별한 사정 등도 고려하여야 한다(대법원 1997.5.28. 선고 95누18697 판결, 대법원 2010.10.28. 선고 2008두15541 판결 등 참조). 즉, 부당행위계산 부인규정을 적용하려면 거래행위의 여러 사정을 구체적으로 고려하여 과연 그 거래행위가 건전한 사회통념이나 상관행에 비추어 경제적 합리성이 없는 비정상적인 것인지에 따라 판단하되 거래 당시의 특별한 사정 등도 고려해야 한다. 병·의원은 개인사업자이므로 소득세법상 부당행위계산의 부인을 적용받는다. 반면에 MSO는 법인이므로 법인세법상 부당행위계산의 부인을 적용받는다.

종합소득에 대한 시가는?

◎ 종합소득에 대한 시가는?

납세지 관할 세무서장 또는 지방국세청장은 배당소득(제17조 제1항 제8호에 따른 배당소득만 해당), 사업소득 또는 기타소득이 있는 거주자의 행위 또는 계산이 그 거주자와 특수관계인과의 거래로 인하여 그 소득에 대한 조세 부담을 부당하게 감소시킨 것으로 인정되는 경우에는 그 거주자의 행위 또는 계산과 관계없이 해당 과세기간의 소득금액을 계산할 수 있다(소득세법 제41조). 주의할 점은 양도소득이 아닌 배당소득, 사업소득 또는 기타소득에 대한 시가의 산정에 관하여는 「법인세법 시행령」 제89조 제1항 및 제2항의 규정을 준용한다(소득세법 시행령 제98조 제3항). 반면에 양도소득세 대한 시가는 상속세 및 증여세법을 준용하고 있다. 법인세법 시행령 제89조 제2항에 따른 시가 적용순서는 다음과 같다.

❝ 법인세법 시행령 제89조 제2항에 따른 시가 적용순서 ❞

시가	감정가액	보충적 평가액
• 불특정다수인과 계속적으로 거래한 가격 • 제3자 간에 일반적으로 거래된 가격	• 감정평가법인 등이 감정한 가액이 있는 경우 그 가액 • 감정가액이 2개 이상인 경우에는 평균액	• 상증법 제38조, 제39조, 제39조의 2, 제39조의 3, 제61조~제66조를 준용하여 평가한 가액 • 2개 이상의 감정가액 평균액이 원칙이나, 기준시가 10억원 이하 부동산은 1개 이상의 감정평가액 가능

소득세법상 특수관계인의 범위

소득세법에서의 "특수관계인"이란 국세기본법 시행령 제1조의 2 제1항, 제2항 및 같은 조 제3항 제1호에 따른 특수관계인을 말한다. 단, 이월과세를 적용받는 배우자 및 직계존비속은 제외한다.

(1) 혈족·인척 등 대통령령으로 정하는 친족관계(제1항)

1. 4촌 이내의 혈족[15] (2023.3.1. 이전에는 6촌 이내 혈족)
2. 3촌 이내의 인척[16] (2023.3.1. 이전에는 4촌 이내 혈족)
3. 배우자(사실상의 혼인관계에 있는 자를 포함한다)
4. 친생자로서 다른 사람에게 친양자 입양된 자 및 그 배우자·직계비속
5. 본인이 「민법」에 따라 인지한 혼인 외 출생자의 생부나 생모(본인의 금전이나 그 밖의 재산으로 생계를 유지하는 사람 또는 생계를 함께하는 사람으로 한정한다)

친할아버지 남자형제 (4촌)		친할아버지 (2촌)	친할머니 (2촌)		외할머니 (2촌)	외할아버지 (2촌)	외할아버지 남자형제 (4촌)
당숙 (5촌)	백숙부, 백숙모 (3촌)	고모부, 고모 (3촌)	아버지 (1촌)	어머니 (1촌)	이모, 이모부 (3촌)	외숙모, 외숙부 (3촌)	외종숙부,외종숙모 (5촌)
재종형제 (6촌)	이종사촌 (4촌)	외종사촌 (4촌)	자매 (2촌) / 나	형제 (2촌)	사촌형제 (4촌)	내종사촌 (4촌)	
			생질 (3촌)	질조카 (3촌)			

---

15) 소득세법상 사촌동생은 특수관계인이지만 사촌동생의 배우자는 특수관계인이 아니다.
16) 소득세법상 3촌 이내의 인척에는 (1) 형제·자매의 배우자인 형부, 형수, 제부, 제수와 (2) 외숙모, 숙모, 고모부, 이모부를 포함한다.

(2) "임원·사용인 등 대통령령으로 정하는 경제적 연관관계"(제2항)

1. 임원과 그 밖의 사용인
2. 본인의 금전이나 그 밖의 재산으로 생계를 유지하는 자
3. 제1호 및 제2호의 자와 생계를 함께하는 친족

(3) "주주·출자자 등 대통령령으로 정하는 경영지배관계"란 다음 각 호의 구분에 따른 관계(제3항 제1호)

🔍 본인이 개인인 경우

가. 본인이 직접 또는 그와 친족관계 또는 경제적 연관관계에 있는 자를 통하여 법인의 경영에 대하여 지배적인 영향력을 행사하고 있는 경우 그 법인

나. 본인이 직접 또는 그와 친족관계, 경제적 연관관계 또는 가목의 관계에 있는 자를 통하여 법인의 경영에 대하여 지배적인 영향력을 행사하고 있는 경우 그 법인

◎ 법인세법 제52조 [부당행위계산의 부인]

「법인세법」 제52조의 부당행위계산 부인 규정과 관련하여 제1항에 따라서 납세지 관할 세무서장 또는 관할 지방국세청장은 내국법인의 행위 또는 소득금액의 계산이 특수관계인과의 거래로 인하여 그 법인의 소득에 대한 조세의 부담을 부당하게 감소시킨 것으로 인정되는 경우에는 그 법인의 행위 또는 소득금액의 계산(이하 "부당행위계산")과 관계없이 그 법인의 각 사업연도의 소득금액을 계산한다.

「법인세법」 제52조 제2항에서 부당행위계산의 부인규정을 적용할 때에는 건전한 사회 통념 및 상거래 관행과 특수관계인이 아닌 자 간의 정상적인 거래에서 적용되거나 적용될 것으로 판단되는 가격 즉, "시가"를 기준으로 하며, 이 시가의 범위를 위임 받은 동 시행령 제89조는 제1항에서 당해 법인이 특수관계인 외의 불특정다수인과 계속적으로 거래한 가격 또는 특수관계인이 아닌 제3자 간에 일반적으로 거래된 가격이 있는 경우에는 그 가격을, 제2항에서 시가가 불분명한 경우에 그 제1호는 감정가액, 제2호는 「상속세 및 증여세법」에 의한 보충적 평가액에 따르도록 규정하고 있으며, 제4항은 제88조 제1항 제7호의 규정에 의한 자산의 제공에 있어서 제1항 및 제2항의 규정을 적용할 수 없는 경우에는 그 제1호 즉, 처분청이 적용한 당해 자산 시가의 100분의 50에 상당하는 금액에서 그 자산의 제공과 관련하여 받은 보증금을 차감한 금액에 정기예금이자율을 곱하여 산출한 금액을 시가로 보도록 규정하고 있다.

위와 같은 규정을 문리적으로 해석한다면 「법인세법」상 시가의 범위는 「법인세법 시행령」 제89조 제1항의 제3자 간에 일반적으로 거래된 가격이 존재하면 그 가격을, 시가가 불분명하다면 감정가액, 「상속세 및 증여세법」상 보충적 가액을 순차적으로 적용하여야 하며, 같은 조 제4항에 따라 제1항과 제2항을 적용할 수 없는 경우에는 처분청이 적용한 제4항 제1호를 적용하여야 한다(조심 2019중183, 2019.4.2.). 「법인세법 시행령」 제89조 제4항 제1호에서 '유형 또는 무형의 자산을 제공하거나 제공받는 경우에는 당해 자산 시가의 100분의 50에 상당하는 금액에서 그 자산의 제공과 관련하여 받은 전세금 또는 보증금을 차감한 금액에 정기예금이자율을 곱하여 산출한 금액'에 따라 시가를 계산하도록 규정하고 있고, 여기서 정기예금이자율은 같은 법 시행규칙 제6조에 따른 '연이자율'이다(조심 2019중183, 2019.4.2.).

즉, 같은 조 제2항에서 제1항을 적용할 때에는 건전한 사회 통념 및 상거래 관행과 특수관계인이 아닌 자 간의 정상적인 거래에서 적용되거나 적용될 것으로 판단되는 가격을 기준으로 한다고 규정하고 있고, 같은 법 시행령 제89조는 매매사례가액, 감정평가액 등을 적용할 수 없는 경우에 한하여 제4항에서 '유형 또는 무형의 자산을 제공하거나 제공받는 경우에는 당해 자산시가의 100분의 50에 상당하는 금액에서 그 자산의 제공과 관련하여 받은 전세금 또는 보증금을 차감한 금액에 정기예금이자율을 곱하여 산출한 금액'을 시가로 한다고 규정하고 있으며, 이 경우 부당행위계산 부인 시 적용 기준이 되는 시가에 관한 입증책임은 과세관청에 있다(조심-2023-전-3037, 2024.2.19.).

대법원도 「법인세법」 제52조 제2항에서 제1항을 적용할 때에는 건전한 사회 통념 및 상거래 관행과 특수관계인이 아닌 자 간의 정상적인 거래에서 적용되거나 적용될 것으로 판단되는 가격을 기준으로 한다고 규정하고 있고, 같은 법 시행령 제89조는 매매사례가액, 감정평가액을 적용할 수 없는 경우에 한하여 제4항에서 '유형 또는 무형의 자산을 제공하거나 제공받는 경우에는 당해 자산시가의 100분의 50에 상당하는 금액에서 그 자산의 제공과 관련하여 받은 전세금 또는 보증금을 차감한 금액에 정기예금이자율을 곱하여 산출한 금액'을 시가로 한다고 규정하고 있으며, 이 경우 부당행위계산 부인의 적용 기준이 되는 '시가'에 관한 입증책임은 부당행위계산 부인을 주장하는 과세관청에게 있다고 할 것(대법원 2018.7.26. 선고 2016두40375 판결 외 다수, 같은 뜻임)이다라고 판결한 바 있다.

◎ 조세의 부담을 부당하게 감소시킨 것으로 인정되는 경우

시가와 거래가액의 차액이 3억원 이상이거나 시가의 100분의 5에 상당하는 금액 이상인 경우에 한하여 적용한다.

1. 자산을 시가보다 높은 가액으로 매입 또는 현물출자 받았거나 그 자산을 과대상각한 경우

2. 무수익자산을 매입 또는 현물출자 받았거나 그 자산에 대한 비용을 부담한 경우

3. 자산을 무상 또는 시가보다 낮은 가액으로 양도 또는 현물출자한 경우. 다만, 제19조 제19호의 2 각 목 외의 부분에 해당하는 주식매수 선택권등의 행사 또는 지급에 따라 주식을 양도하는 경우는 제외한다.

3의2. 특수관계인인 법인 간 합병(분할합병을 포함한다)·분할에 있어서 불공정한 비율로 합병·분할하여 합병·분할에 따른 양도손익을 감소시킨 경우. 다만, 「자본시장과 금융투자업에 관한 법률」 제165조의 4에 따라 합병(분할합병을 포함한다)·분할하는 경우는 제외한다.

4. 불량자산을 차환하거나 불량채권을 양수한 경우

5. 출연금을 대신 부담한 경우

6. 금전, 그 밖의 자산 또는 용역을 무상 또는 시가보다 낮은 이율·요율이나 임대료로 대부하거나 제공한 경우. 다만, 다음 각 목의 어느 하나에 해당하는 경우는 제외한다.

　가. 제19조 제19호의 2 각 목 외의 부분에 해당하는 주식매수선택권등의 행사 또는 지급에 따라 금전을 제공하는 경우

　나. 주주 등이나 출연자가 아닌 임원(소액주주 등인 임원을 포함한다) 및 직원에게 사택(기획재정부령으로 정하는 임차사택을 포함한다)을 제공하는 경우

　다. 법 제76조의 8에 따른 연결납세방식을 적용받는 연결법인 간에 연결법인세액의 변동이 없는 등 기획재정부령으로 정하는 요건을 갖추어 용역을 제공하는 경우

7. 금전, 그 밖의 자산 또는 용역을 시가보다 높은 이율·요율이나 임차료로 차용하거나 제공받은 경우. 다만, 법 제76조의 8에 따른 연결납세방식을 적용받는 연결법인 간에 연결법인세액의 변동이 없는 등 기획재정부령으로 정하는 요건을 갖추어 용역을 제공받은 경우는 제외한다.

7의2. 기획재정부령으로 정하는 파생상품에 근거한 권리를 행사하지

아니하거나 그 행사기간을 조정하는 등의 방법으로 이익을 분여하
는 경우

8. 다음 각 목의 어느 하나에 해당하는 자본거래로 인하여 주주등(소
   액주주 등은 제외한다. 이하 이 조에서 같다)인 법인이 특수관계인
   인 다른 주주 등에게 이익을 분여한 경우

   가. 특수관계인인 법인간의 합병(분할합병을 포함한다)에 있어서 주
      식 등을 시가보다 높거나 낮게 평가하여 불공정한 비율로 합병
      한 경우. 다만, 「자본시장과 금융투자업에 관한 법률」 제165조
      의 4에 따라 합병(분할합병을 포함한다)하는 경우는 제외한다.

   나. 법인의 자본(출자액을 포함한다)을 증가시키는 거래에 있어서
      신주(전환사채·신주인수권부사채 또는 교환사채 등을 포함한다.
      이하 이 목에서 같다)를 배정·인수받을 수 있는 권리의 전부 또
      는 일부를 포기(그 포기한 신주가 「자본시장과 금융투자업에 관
      한 법률」 제9조 제7항에 따른 모집방법으로 배정되는 경우를 제
      외한다)하거나 신주를 시가보다 높은 가액으로 인수하는 경우

   다. 법인의 감자에 있어서 주주 등의 소유주식 등의 비율에 의하지
      아니하고 일부 주주 등의 주식 등을 소각하는 경우

8의2. 제8호 외의 경우로서 증자·감자, 합병(분할합병을 포함한다)·분
     할, 「상속세 및 증여세법」 제40조 제1항에 따른 전환사채 등에 의한
     주식의 전환·인수·교환 등 자본거래를 통해 법인의 이익을 분여하였
     다고 인정되는 경우. 다만, 제19조 제19호의 2 각 목 외의 부분에
     해당하는 주식매수선택권등 중 주식매수선택권의 행사에 따라 주식
     을 발행하는 경우는 제외한다.

9. 그 밖에 제1호부터 제3호까지, 제3호의 2, 제4호부터 제7호까지, 제7호의 2, 제8호 및 제8호의 2에 준하는 행위 또는 계산 및 그 외에 법인의 이익을 분여하였다고 인정되는 경우

◎ 법인세법상 부당행위계산 부인 시 시가란?

건전한 사회 통념 및 상거래 관행과 특수관계인이 아닌 자 간의 정상적인 거래에서 적용되거나 적용될 것으로 판단되는 가격(요율·이자율·임대료 및 교환 비율과 그 밖에 이에 준하는 것을 포함하며, 이하 "시가")을 기준으로 한다(법인세법 제52조 [부당행위계산의 부인] 제2항).

즉, 「법인세법」 제52조 제2항에서 시가는 건전한 사회통념 및 상거래 관행과 특수관계인이 아닌 자 간의 정상적인 거래에서 적용되거나 적용될 것으로 판단되는 가격으로 규정하고 있고, 같은 법 시행령 제89조 제2항에서 시가가 불분명한 경우에는 감정가액 및 상증법을 준용하여 평가한 가액에 따르도록 규정하고 있으며, 어떠한 거래가 거래대상의 객관적인 교환가치를 적정하게 반영한 합리적·정상적인 것인지 여부는 거래당사자들이 각자의 경제적 이익을 극대화화는 등 대등한 관계에 있는지, 거래와 관련한 사실에 대한 합리적인 지식이 있는지, 강요에 의하지 아니하고 자유로운 상태에서 거래하였는지 등의 거래와 관련한 제반 사정을 종합적으로 판단하여야 한다(조심 2018중333, 2018.6.7.).

해당 거래와 유사한 상황에서 해당 법인이 특수관계인 외의 불특정다수인과 계속적으로 거래한 가격 또는 특수관계인이 아닌 제3자 간에 일반적으로 거래된 가격이 있는 경우

법인세법 제52조 [부당행위계산의 부인] 제2항을 적용할 때 해당 거래와 유사한 상황에서 해당 법인이 특수관계인 외의 불특정다수인과 계속적으로 거래한 가격 또는 특수관계인이 아닌 제3자 간에 일반적으로 거래된 가격이 있는 경우에는 그 가격에 따른다.

◎ 법인세법상 시가가 불분명한 경우

법인세법 제52조 [부당행위계산의 부인] 제2항을 적용할 때 시가가 불분명한 경우에는 다음 각 호를 차례로 적용하여 계산한 금액에 따른다.

1. 「감정평가 및 감정평가사에 관한 법률」에 따른 감정평가법인 등이 감정한 가액이 있는 경우 그 가액(감정한 가액이 2 이상인 경우에는 그 감정한 가액의 평균액). 다만, 주식 등 및 가상자산은 제외한다.
2. 「상속세 및 증여세법」 제38조·제39조·제39조의 2·제39조의 3, 제61조부터 제66조까지의 규정을 준용하여 평가한 가액

◎ 법인세법 시행령 제89조 제2항에 따른 시가 적용순서는 다음과 같다.

❝ 법인세법 시행령 제89조 제2항에 따른 시가 적용순서 ❞

시가
- 불특정다수인과 계속적으로 거래한 가격
- 제3자 간에 일반적으로 거래된 가격

감정가액
- 감정평가법인 등이 감정한 가액이 있는 경우 그 가액
- 감정가액이 2개 이상인 경우에는 평균액

보충적 평가액
- 상증법 제38조, 제39조, 제39조의 2, 제39조의 3, 제61조~제66조를 준용하여 평가한 가액
- 2개 이상의 감정가액 평균액이 원칙이나, 기준시가 10억원 이하 부동산은 1개 이상의 감정평가액 가능

감정가액은 「감정평가 및 감정평가사에 관한 법률」에 따른 감정평가법인 등이 감정한 가액이 있는 경우 그 가액을 말한다. 감정한 가액이 2 이상인 경우에는 그 감정한 가액의 평균액을 말한다. 다만, 주식 등 및 가상자산은 감정가액 적용을 제외한다.

◎ 법인세법상 시가의 판단기준일은?

그 행위 당시를 기준으로 하여 당해 법인과 특수관계인 간의 거래(특수관계인 외의 자를 통하여 이루어진 거래를 포함한다)에 대하여 이를 적용한다(법인세법 시행령 제88조 [부당행위계산의 유형 등] 제2항).

법인세법상 특수관계인의 범위

◎ 법인세법상 특수관계인이란?

▣ 법인세법 제2조【정의】

이 법에서 사용하는 용어의 뜻은 다음과 같다.

12. "특수관계인"이란 법인과 경제적 연관관계 또는 경영지배관계 등 대통령령으로 정하는 관계에 있는 자를 말한다. 이 경우 본인도 그 특수관계인의 특수관계인으로 본다.

■ 법인세법 시행령 제2조【정의】

"특수관계인"이란 법인과 경제적 연관관계 또는 경영지배관계 등 대통령령으로 정하는 관계에 있는 자를 말한다. 이 경우 본인도 그 특수관계인의 특수관계인으로 본다.

⑤ 법 제2조 제12호에서 "경제적 연관관계 또는 경영지배관계 등 대통령령으로 정하는 관계에 있는 자"란 다음 각 호의 어느 하나에 해당하는 관계에 있는 자를 말한다.

1. 임원(제40조 제1항에 따른 임원을 말한다. 이하 이 항, 제10조, 제19조, 제38조 및 제39조에서 같다)의 임면권의 행사, 사업방침의 결정 등 해당 법인의 경영에 대해 사실상 영향력을 행사하고 있다고 인정되는 자(「상법」 제401조의 2 제1항에 따라 이사로 보는 자를 포함한다)와 그 친족(「국세기본법 시행령」 제1조의 2 제1항에 따른 자를 말한다. 이하 같다)

2. 제50조[17] 제2항에 따른 소액주주 등이 아닌 주주 또는 출자자(이하 "비소액주주등"이라 한다)와 그 친족

3. 다음 각 목의 어느 하나에 해당하는 자 및 이들과 생계를 함께하는 친족

　가. 법인의 임원·직원 또는 비소액주주등의 직원(비소액주주등이 영리법인인 경우에는 그 임원을, 비영리법인인 경우에는 그 이사

---

17) ② 제1항 제1호 및 제2호에서 "소액주주등"이란 발행주식총수 또는 출자총액의 100분의 1에 미달하는 주식등을 소유한 주주등(해당 법인의 국가, 지방자치단체가 아닌 지배주주등의 특수관계인인 자는 제외하며, 이하 "소액주주등"이라 한다)을 말한다.

및 설립자를 말한다)

　나. 법인 또는 비소액주주등의 금전이나 그 밖의 자산에 의해 생계를 유지하는 자

4. 해당 법인이 직접 또는 그와 제1호부터 제3호까지의 관계에 있는 자를 통해 어느 법인의 경영에 대해 「국세기본법 시행령」 제1조의 2 제4항에 따른 지배적인 영향력을 행사하고 있는 경우 그 법인

5. 해당 법인이 직접 또는 그와 제1호부터 제4호까지의 관계에 있는 자를 통해 어느 법인의 경영에 대해 「국세기본법 시행령」 제1조의 2 제4항에 따른 지배적인 영향력을 행사하고 있는 경우 그 법인

6. 해당 법인에 100분의 30 이상을 출자하고 있는 법인에 100분의 30 이상을 출자하고 있는 법인이나 개인

7. 해당 법인이 「독점규제 및 공정거래에 관한 법률」에 따른 기업집단에 속하는 법인인 경우에는 그 기업집단에 소속된 다른 계열회사 및 그 계열회사의 임원

▣ 국세기본법 시행령 제1조의 2 【특수관계인의 범위】

④ 제3항 제1호 각 목, 같은 항 제2호 가목부터 다목까지의 규정을 적용할 때 다음 각 호의 구분에 따른 요건에 해당하는 경우 해당 법인의 경영에 대하여 지배적인 영향력을 행사하고 있는 것으로 본다.

1. 영리법인인 경우

   가. 법인의 발행주식총수 또는 출자총액의 100분의 30 이상을 출자한 경우

   나. 임원의 임면권의 행사, 사업방침의 결정 등 법인의 경영에 대하여 사실상 영향력을 행사하고 있다고 인정되는 경우

2. 비영리법인인 경우

   가. 법인의 이사의 과반수를 차지하는 경우

   나. 법인의 출연재산(설립을 위한 출연재산만 해당한다)의 100분의 30 이상을 출연하고 그 중 1인이 설립자인 경우

Chapter

04

병·의원 현금영수증 발급의무

병·의원 현금영수증 발급의무 대상자

병·의원업은 현금영수증 발급의무 대상자이다. 따라서 병·의원업은 부가가치세 과세·면세 품목에도 불문하고 현금영수증 의무발행이 필요하다. 병·의원업은 현금영수증가맹점으로 가입하여야 하며, 건 별 거래금액이 10만원 이상인 경우 상대방이 요구하지 않아도 의무적으로 발행하여야 한다(010-0000-1234로 5일 내 발행). 미발행시 거래금액의 20%를 가산세로 부과한다.

구분	현금영수증 발행의무 업종
보건업	종합병원, 일반병원, 치과병원, 한방병원, 요양병원, 일반의원(일반과, 내과, 소아청소년과, 일반외과, 정형외과, 신경과, 정신건강의학과, 피부과, 비뇨기과, 안과, 이비인후과, 산부인과, 방사선과 및 성형외과), 기타의원(마취통증의학과, 결핵과, 가정의학과, 재활의학과 등 달리 분류되지 아니한 병과), 치과의원, 한의원, 수의업

❝ 건당 진료비(부가세 포함)가 10만원 이상인 거래는 건강보험공단 청구금액을 제외한 병원 수납금액을 현금으로 받은 날부터 5일 이내 현금영수증을 의무적으로 발급해야 한다. ❞

① 「의료법」에 따른 의료업, 「수의사법」에 따른 수의업 및 「약사법」에 따라 약국을 개설하여 약사(藥事)에 관한 업(業)을 행하는 사업자는 그 요건에 해당하는 날부터 60일 이내에 신용카드단말기 등에 현금영수증 발급장치를 설치함으로써 현금영수증가맹점으로 가입하여야 한다 (소득세법 제162조의 3).

② 병·의원업의 경우 소득세법 시행령 제210조의 3 [현금영수증가맹점의 가입 등]의 별표 3의3에 따른 현금영수증 발행업종에 해당한다. 따라서 건당 거래금액(부가가치세액을 포함한다)이 10만원 이상인 재화 또는 용역을 공급하고 그 대금을 현금으로 받은 경우에는 상대방이 현금영수증 발급을 요청하지 아니하더라도 대통령령으로 정하는 바에 따라 현금영수증을 발급하여야 한다(소득세법 제162조의 3 제4항). 재화 또는 용역을 공급하고 그 대금을 현금으로 받은 날부터 5일 이내에 무기명으로 발급할 수 있다(소득세법 시행령 제210조의 3 제12항).

③ 현금영수증을 발급하지 않은 경우 수입금액의 20%를 가산세로 납부하여야 한다.

- 10만원 미만인 경우 미발급금액의 5%에 해당하는 가산세 납부
- 10만원 이상에 대해서는 미발급금액의 20%에 해당하는 가산세를 납부해야 한다. 착오나 누락 등으로 현금영수증을 발급하지 않았지만 거래대금을 받은 날로부터 10일 내 현금영수증을 발급할 경우 50%를 감경해 준다.

> ❝ 현금매출 1백만원에 대한 현금영수증을 발급하지 않으면 가산세만 2십만원이다. ❞

④ 현금영수증 발급의무 대상 거래금액은 보험급여를 포함한 총진료비를 기준으로 하는 것이며, 현금영수증은 현금으로 받은 금액에 대하여만 발급하여야 한다(전자세원-214, 2010.4.12.).

⑤ 현금영수증의 발급시기는 원칙적으로 현금을 지급받은(계좌에 입금된) 때에 교부하여야 하며 다만, 사회통념상 입금 즉시 확인이 어려운 때에는 입금이 확인되는 때(통상 3일~5일 이내)에 발급한다(서면3팀-1699, 2005.10.6.).

◎ 환자가 현금영수증 발급을 요청하지 않은 경우에는 어떻게 해야 할까?

국세청 전화번호(010-000-1234)로 해서 의무적으로 현금영수증을 발급해야 한다.

◎ 보건업의 현금영수증 발급의무

2010.4.1.부터 시행하는 현금영수증 발급의무화와 관련하여

1) 건당 거래금액(부가가치세액을 포함한다)이 10만원 이상에서 "건당"이란 무엇인지?

2) 가족환자 두 명의 진료비 합계가 10만원인 경우에 1건으로 발급하여야 하는지?

3) 한 명의 환자가 치료비 16만원을 8만원씩 두 번으로 나누어 냈을

때 현금영수증 발급의무가 있는지?

4) 환불 시 취소 절차는?

5) 환자의 치료비를 지불한 사람이 다를 때 환자에게 발급해야 하는지 또는 지불한 사람에게 발급해야 하는지?

[회신]

1) 현금영수증 발급의무 대상인 건당 거래는 내원하여 진료를 받는 때를 기준으로 하는 것입니다. 다만 거래당사자와 약정(인지·협의 등)한 거래 총금액이 있는 경우에는 총금액 기준 또는 거래대금을 지급받은 금액을 기준으로 판단하는 것입니다.

2) 거래당사자와 약정(인지·협의 등)한 거래 총금액 또는 거래대금을 지급받은 금액을 기준으로 판단하는 것이므로 발급의무 대상 거래에 해당하는 것이며, 이 경우에 현금영수증은 확인 가능한 환자 각각의 진료비에 해당하는 금액을 환자 각각에게 발급하여야 하는 것입니다.

3) 거래당사자와 약정(인지·협의 등)한 거래 총금액 또는 거래대금을 지급받은 금액을 기준으로 판단하는 것이므로 발급의무 대상 거래에 해당하는 것이며, 이 경우에 현금영수증은 8만원씩 현금으로 받는 때마다 각각 발급하여야 하는 것입니다.

4) 소비자의 동의 하에 당초 발급된 신분인식수단에 의해 현금영수증 취소가 가능합니다.

5) 현금영수증은 재화 또는 용역을 공급받은 상대방에게 발급하여야 하므로 치료를 받은 환자에게 발급하여야 하는 것입니다(전자세원 -251, 2010.4.23.).

🎯 현금영수증 가맹점 가입방법

현금영수증 인터넷 발급 안내 및 가맹점 가입방법

현금영수증 가맹점에 가입하지 않은 사업자 중 신용카드단말기를 설치할 수 없는 사업자는 아래와 같이 인터넷으로 현금영수증을 발급하실 수 있습니다.

✅ 신용카드단말기에 의한 가입방법

- 신용카드 단말기에 의한 가입방법
  - 신용카드가맹점에 가입하면서 동시에 현금영수증 가맹점으로 가입할 수 있습니다.

✅ 홈택스 또는 모바일 홈택스 가입방법

- 국세청 홈택스(https://www.hometax.go.kr) 또는 모바일 홈택스(손택스)에서 현금영수증가맹점으로 가입

  - 홈택스 → 전자(세금)계산서·현금영수증·신용카드 → 현금영수증(가맹점) → 발급 → 현금영수증 발급 사업자 신청 및 수정
  - 모바일 홈택스(손택스) → 전자(세금)계산서·현금영수증·신용카드 → 현금영수증(가맹점) → 현금영수증 발급 사업자 신청

✅ ARS 가입방법

- 국세상담센터 ☎126(⑥-③)의 ARS를 이용하여 아래와 같이 가맹점에 가입 및 발급할 수 있습니다.

| 1 번(홈택스 상담) → 1 번(현금영수증) → 1 번(한국어) → 4 번(가맹점 현금영수증 발급서비스) → 사업자번호 입력(10자리) → 1 번(비밀번호 설정 시 본인인증) → 비밀번호 입력(4자리) → 1 번(가맹점 가입)

(출처: 국세청)

병·의원 사업용 계좌

사업용 계좌 제도

◎ 사업용 계좌 제도란?

❝ 병·의원이 사업용 계좌를 입금(수입) 전용계좌와 출금(지출) 전용계좌로 2개를 만들어서 운용하면 매달 들어오는 수입금액이 얼마인지 아는데 매우 편리하다 **❞**

사업자의 금융계좌를 사업용과 가계용으로 분리하여 사업과 관련한 금융거래는 사업용 계좌를 사용하도록 하는 제도이다(소득세법 제160조의 5[사업용 계좌의 신고·사용의무 등] 의무).

◎ 사업용 계좌의 개설

개인사업자 중 복식부기 의무자(변호사, 의사, 약사 등 전문직 사업자 포함)는 금융기관에 사업용 계좌를 개설하여야 한다. 직전 연도 수입금액이 아래의 업종별 기준금액 이상인 자를 말한다. 그러나 변호사, 의사, 약사 등 전문직 사업자는 직전 연도 수입금액과 상관없이 복식부기 의무자에 해당한다.

업 종 별	기준금액
1. 농업·임업 및 어업, 광업, 도매 및 소매업(상품중개업을 제외한다), 부동산매매업, 아래에 해당하지 아니하는 사업	3억원
2. 제조업, 숙박 및 음식점업, 전기·가스·증기 및 공기조절 공급업, 수도·하수·폐기물처리·원료재생업, 건설업(비주거용 건물 건설업은 제외), 부동산 개발 및 공급업(주거용 건물 개발 및 공급업에 한정), 운수업 및 창고업, 정보통신업, 금융 및 보험업, 상품중개업, 욕탕업	1.5억원

업 종 별	기준금액
3. 부동산임대업, 부동산업(부동산매매업 제외), 전문·과학 및 기술 서비스업, 사업시설관리·사업지원 및 임대서비스업, 교육서비스업, 보건업 및 사회복지 서비스업, 예술·스포츠 및 여가관련 서비스업, 협회 및 단체, 수리 및 기타 개인서비스업, 가구 내 고용활동 사업 서비스업, 교육서비스업, 보건 및 사회복지사업, 사회 및 개인서비스업, 가사서비스업	75백만원

⊚ 사업용 계좌의 개설 방법

① 금융기관은 계좌개설시 상호가 있는 경우에는 상호를 병기하고, 통장 표지에 '사업용 계좌'라는 문구를 표시하여야 함.

② 사업자의 거래편의를 위해 이미 사용하고 있는 금융계좌도 금융기관을 방문하여 "상호"를 병기하고, 통장 표지에 "사업용 계좌" 문구를 표시하는 경우, 사업용 계좌로 계속 사용할 수 있음.

⊚ 사업용 계좌의 신고

병·의원	① 복식부기 의무자이므로 사업용 계좌를 개설해야 하고 사업용으로만 사용해야 한다. ② 사업용 계좌를 개설하지 않을 경우 미개설 및 미신고기간 수입금액의 0.2%와 미사용금액의 0.2% 중 큰 금액을 가산세로 납부해야 한다. ③ 일반 시중은행에서 개설 가능하다.

① 복식부기 의무자는 복식부기 의무자에 해당하는 과세기간의 개시일(사업 개시와 동시에 복식부기 의무자에 해당되는 경우에는 다음 과세기간 개시일)부터 6개월 이내에 사업용 계좌를 해당 사업자의 사업장 관할 세무서장 또는 납세지 관할 세무서장에게 신고하여야 한다.

다만, 사업용 계좌가 이미 신고되어 있는 경우에는 그러하지 아니하다.

② 복식부기 의무자는 사업용 계좌를 변경하거나 추가하는 경우 확정 신고기한까지 이를 신고하여야 한다.

③ 복식부기 의무자는 모든 사업장에 대하여 사업장별로 각각 사업용 계좌를 신고하여야 한다.

④ 사업용 계좌 신고시에는 사업자등록번호를 선택하여 신고하여야 한다. 사업자등록번호가 없는 인적용역사업자는 주민등록번호로 신고 하여야 한다.

⑤ 사업자등록한 사업자가 주민등록번호로 신고할 경우 미신고에 해 당되어 가산세 부과 및 세액감면이 배제될 수 있다.

◎ 의사 등 전문직 사업자의 사업용 계좌 신고기한

> ❝ 2024년에 최초로 개원한 병·의원은 2025년 6월 30일까지 사업용 계좌를 세무서에 신고해야 한다. ❞

① 사업 개시와 동시에 복식부기 의무자에 해당되는 경우에는 사업 개시 다음 사업연도 개시일부터 6개월 이내 사업용 계좌를 신고해야 한다. 그러나 사업자등록과 동시에 신고하는 것을 권고한다.

② 사업용 계좌를 개설한 사업자는 사업장 관할 세무서에 개설된 계 좌번호 등을 신고를 하여야 한다.

③ 신고하는 내용은 사업용 계좌번호만을 신고하는 것이며, 거래내역 등에 대한 금융정보를 신고하는 것은 아니다.

④ 사업용 계좌는 사업장별로 신고하는 것이 원칙이며, 납세자의 편

의를 위해 사업장별로 복수의 사업용 계좌가 허용되고, 동일한 사업용 계좌를 여러 사업장에서 신고하는 것도 가능

⑤ 사업용 계좌는 사업장별로 사업장 관할 세무서장에게 신고하여야 한다. 이 경우 1개의 계좌를 2 이상의 사업장에 대한 사업용 계좌로 신고할 수 있다. 그리고 사업용 계좌는 사업장별로 2 이상 신고할 수 있다.

◎ 2023년 2월에 의원을 개업하면서 사업용 계좌를 신고한 뒤 2024년에 다른 계좌를 사업용 계좌로 추가 개설한 경우?

원장은 2024년도에 대한 종합소득세 신고·납부기한인 2025년 5월 31일까지 추가 사업용 계좌에 대해서 세무서에 신고를 하면 된다.

◎ 사업용 계좌를 사용하여야 하는 거래의 범위

금융기관의 중개 또는 금융기관에 위탁 등을 통한 다음 각 호의 어느 하나에 해당하는 방법에 의하여 그 대금의 결제가 이루어지는 경우를 포함한다.

① 송금 및 계좌간 자금이체
② 「수표법」 제1조에 따른 수표(발행인이 사업자인 것에 한한다)로 이루어진 거래대금의 지급 및 수취
③ 「어음법」 제1조 및 제75조에 따른 어음으로 이루어진 거래대금의 지급 및 수취
④ 「조세특례제한법」 제126조의 2 제1항에 따른 신용카드, 직불카드,

기명식선불카드, 직불전자지급수단, 기명식선불전자지급수단, 기명식전자화폐를 통하여 이루어진 거래대금의 지급 및 수취

66 임차료, 인건비, 거래대금 등은 사업용 계좌를 통해 결제! 99

◎ 병·의원의 사업용 계좌로 입출금해야 하는 거래란?

직원에게 급여 등 인건비를 지급할 때는 반드시 사업용 계좌에서 직원계좌로 입금해야 한다. 만약 사업용 계좌에서 급여에 해당하는 금액을 인출한 뒤 직원에게 현금으로 지급할 경우에는 가산세 부과대상이다. 미사용한 거래금액의 0.2%가 가산세로 부과된다.

66 사업용 계좌를 통하지 않고 현금으로 지급된 직원 인건비는 나중에
세무조사에서 부인당할 수도 있다. 99

구분	내용
진료수입금	보험수입과 비보험수입
매입비용 지급 등 거래대금	의약품비
인건비 지급	직원 급여
임차료 지급·수취	상가임차료

◎ 사업용 계좌 대상거래 범위 및 명세서 작성·보관 의무

복식부기 의무자는 사업과 관련하여 재화 또는 용역을 공급받거나 공급하는 거래의 경우로서 다음 어느 하나에 해당하는 때에는 사업용 계좌를 사용하여야 한다.

① 거래의 대금을 금융회사 등을 통하여 결제하거나 결제 받는 경우
② 인건비 및 임차료를 지급하거나 지급받는 경우. 다만, 인건비를 지급하거나 지급받는 거래 중에서 거래 상대방의 사정으로 사업용 계좌를 사용하기 어려운 것으로서 대통령령으로 정하는 거래는 제외한다.

복식부기 의무자는 사업장별로 해당 과세기간 중 사업용 계좌를 사용하여야 할 거래금액, 실제 사용한 금액 및 미사용 금액을 구분하여 기록·관리하여야 한다.

◎ 사업용 계좌의 미개설·미사용시 불이익

❝ 사업용 계좌를 미개설·미사용하면 중소기업특별세액감면을 받을 수 없다. ❞

복식부기 의무자가 사업용 계좌를 미개설·미신고하거나 신고된 사업용 계좌를 사용하지 않을 경우 불이익은 다음과 같다.

① 사업용 계좌 미사용 가산세: 미사용한 수입금액의 0.2%가 가산세로 부과됨.
② 사업용 계좌 미개설 및 미신고 가산세 부과: 미개설 및 미신고기간 수입금액의 0.2%와 미사용금액(거래대금, 인건비, 임차료)의 0.2% 중 큰 금액.
  • 수입금액은 해당 과세기간의 수입금액×미신고기간/365

③ 과세표준과 세액의 경정사유에 해당되어 세무조사를 받을 수 있는 근거가 된다.

❝ 사업용 계좌를 미개설·미사용하면 세무조사를 받을 수도 ❞

④ 조세특례제한법상 중소기업특별세액감면의 혜택이 배제된다.

❝ 사업용 계좌를 개설하였으나 사업장 관할 세무서에 신고하지 않은 경우 조특법 제128조 제4항에 따라 해당 과세기간에 대하여 감면을 배제한다(소득세과-1758). ❞

사업용 신용카드

◎ 사업용 신용카드제도란?

개인사업자가 가사경비가 아닌 사업관련 경비의 지출용도로만 쓰는 신용카드를 홈택스 홈페이지에 등록하는 제도를 말한다. 등록한 개인사업자는 사업용 신용카드 사용내역을 홈택스 홈페이지에서 조회할 수 있다.

◎ 병·의원 등 개인사업자가 사업용 신용카드를 사용하는 이유는?

① 병·의원의 자재나 소모품 등을 구입하기 위해서 사업용 신용카드를 사용하고 있다.

② 사업용 신용카드를 사용할 경우 비용 처리의 정당성을 주장하기에 용이하다.

⊚ 사업용 신용카드는 몇 장까지 등록 가능할까?

주민등록번호로 회원가입 또는 사업자번호로 회원가입 후 홈택스 [조회/발급 >> 사업용 신용카드 >> 사업용 신용카드 등록] 메뉴에서 사업용으로 사용할 신용카드를 최대 50매까지 등록할 수 있다. (공동인증서 로그인 필수 아님)

구분	내용
등록가능 카드	대표자 또는 기업명의의 신용카드, 체크카드, 기명으로 전환된 충전식 선불카드(지역화폐 및 기프트카드만 해당)
등록불가 카드	가족카드, 기프트카드, 충전식선불카드, 직불카드, 화점전용카드

⊚ 사업용 신용카드 등록 시 혜택은?

사업자는 부가가치세 신고 시 매입액 공제를 받기 위한 신용카드매출전표 등 수취명세 작성이 폐지됨에 따라 시간과 비용이 대폭 감축된다.

⊚ 꼭 새로운 사업용 신용카드를 발급받아야 하나요?

아니다. 기존에 사용하던 개인사업체 대표 명의로 발급된 신용카드, 체크카드 등을 홈택스에 사업용 신용카드로 등록하면 된다.

◎ 개인·가사용도의 지출을 사업용 신용카드로 해도 되나요?

안된다. 등록 이후부터는 사업용 비용을 결제하는 목적으로만 사용해야 합니다. 사업용 신용카드를 개인용과 사업용으로 혼용하면 안된다.

◎ 원장의 배우자 카드를 병·의원의 사업용 신용카드로 사용할 수 있나?

배우자 카드는 사업용 신용카드로 사용 안된다.

◎ 원장의 개인용 카드를 병·의원의 사업용 신용카드로 사용할 수 있나?

사용할 수 있다. 개인용 카드를 홈택스에 사업용 카드로 등록해서 사용하면 된다.

◎ 사업용 신용카드 거래내역 확인 결과 사용내역이 맞지 않는 것은 ?

신용카드 거래내역은 각 카드사로부터 데이터를 받은 것이므로 사용내역이 맞지 않을 경우 해당 카드사로 문의해야 한다.

◎ 사업용 신용카드 거래내역은 언제 조회할 수 있나?

사업용 신용카드 거래내역은 부가가치세 신고 월 중순 이후 조회가 가능하며 자세한 개시일자는 홈택스 공지사항에 게시한다.

병·의원 직원 관리

4인 이하 병·의원 사업장의 근로기준법 적용 여부

◎ 4인 이하 병·의원 사업장은 근로기준법에서 어떤 조항이 적용되나요?

4인 이하 병·의원 사업장은 직장 내 괴롭힘 관련 조항이 적용되지 않는다. 그리고 부당해고 및 부당해고 구제신청, 근로시간, 주 12시간 연장한도, 연장·휴일·야간 가산수당 적용 그리고 연차 휴가가 적용되지 않으나 5인 이상인 병·의원 사업장의 경우에는 적용된다.

항목	적용여부	관련 법 조항
근로조건의 명시	O	근로기준법 제17조, 기간제및단시간근로자보호에관한법 제17조
해고의 예고	O	근로기준법 제26조
휴게	O	근로기준법 제54조
주휴일	O	근로기준법 제55조
출산휴가	O	근로기준법 제74조
육아휴직	O	남녀고용평등과일가정양립지원에 관한 법률 제19조
퇴직급여	O	근로자퇴직급여보장법 제4조
최저임금의 효력	O	최저임금법 제6조
부당해고 및 부당해고 구제신청	X	근로기준법 제23조 제1항, 제28조
근로 시간	X	근로기준법 제 50조
주12시간 연장 한도	X	근로기준법 제 53조
연장·휴일·야간 가산수당 적용	X	근로기준법 제56조 제1,2항
연차 휴가	X	근로기준법 제60조 제2항

(출처:고용노동부)

예를 들면, 4인 이하 병·의원 사업장에도 근로기준법 제54조의 "휴게시간"이 적용된다. 따라서 원장은 근로시간이 4시간인 경우에는 30분이상, 8시간인 경우에는 1시간 이상의 휴게시간을 근로시간 도중에 주어야 한다. 휴게시간은 근로자가 자유롭게 이용할 수 있어야 한다. 원장이 이 근로기준법 제54조를 위반하면 2년 이하 징역 또는 2천만원 이하의 벌금을 받게 된다. 따라서 조심해야 한다.

근로기준법 제54조

사용자는 근로시간이 4시간인 경우에는 30분 이상,
8시간인 경우에는 1시간 이상의 휴게 시간을 근로시간 도중에 주어야 함.
휴게시간은 근로자가 자유롭게 이용할 수 있어야 함.

⇒ 위반시 2년 이하 징역 또는 2천만원 이하의 벌금

(출처: 고용노동부)

개인사업자인 원장은 직원이 퇴직하면 퇴직금도 지급하나요? 4인 이하 병·의원 사업장도 근로자퇴직급여 보장법 제4조가 적용되므로 원장이 직원에게 퇴직금을 지급하지 않으면 3년 이하의 징역 또는 2천만원 이하의 벌금이 가능하다. 따라서 주의해야 한다.

근로기준법 제36조

사용자는 근로자가 사망 또는 퇴직한 경우에는 그 지급 사유가 발생한 때부터
14일 이내에 임금, 보상금, 그 밖에 일체의 금품을 지급하여야 한다.
다만 특별한 사정이 있을 경우에는
당사자 사이의 합의에 의하여 기일을 연장할 수 있다.

핵심 포인트

대상 금품 • 임금, 상여금, 퇴직금, 재해보상금 등 기타 모든 금품

(출처: 고용노동부)

안전보건 교육의무, 비정규직 차별금지, 직장 내 괴롭힘 예방과 취업규칙 작성신고 등도 4인 이하 병·의원 사업장에 적용되지 않는다.

병·의원의 상시근로자가 10인 이상인 경우 근로기준법에 따라 반드시

취업규칙을 작성하여 관할 고용노동부에 신고하여야 한다. 취업규칙에 반드시 들어가야 하는 항목은 다음과 같다.

1. 업무의 시작과 종료 시각, 휴게시간, 휴일, 휴가 및 교대 근로에 관한 사항

2. 임금의 결정·계산·지급 방법, 임금의 산정기간·지급시기 및 승급(昇給)에 관한 사항

3. 가족수당의 계산·지급 방법에 관한 사항

4. 퇴직에 관한 사항

5. 「근로자퇴직급여 보장법」 제4조에 따라 설정된 퇴직급여, 상여 및 최저임금에 관한 사항

6. 근로자의 식비, 작업 용품 등의 부담에 관한 사항

7. 근로자를 위한 교육시설에 관한 사항

8. 출산전후휴가·육아휴직 등 근로자의 모성 보호 및 일·가정 양립 지원에 관한 사항

9. 안전과 보건에 관한 사항

9의2. 근로자의 성별·연령 또는 신체적 조건 등의 특성에 따른 사업장 환경의 개선에 관한 사항

10. 업무상과 업무 외의 재해부조(災害扶助)에 관한 사항

11. 직장 내 괴롭힘의 예방 및 발생 시 조치 등에 관한 사항

12. 표창과 제재에 관한 사항

13. 그 밖에 해당 사업 또는 사업장의 근로자 전체에 적용될 사항

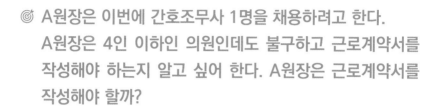

근로계약서 작성

◉ A원장은 이번에 간호조무사 1명을 채용하려고 한다.
  A원장은 4인 이하인 의원인데도 불구하고 근로계약서를
  작성해야 하는지 알고 싶어 한다. A원장은 근로계약서를
  작성해야 할까?

4인 이하인 의원이라도 당연히 작성해야 한다. 근로기준법 제17조가
4인 이하인 의원에도 적용되기 때문이다. A원장은 서면으로 근로계약서
를 작성해서 간호조무사에게 교부해야 한다. 2부를 작성한 후 1부는 사
업주인 원장이 보관하고 나머지 1부는 근로자가 보관한다. 보관 A원장
이 근로계약서를 미작성한 경우에는 5백만원 이하의 벌금에 처해질 수
있으므로 조심해야 한다.

◉ A원장은 1년 전에 채용한 간호조무사 B와 연봉계약서를
  체결해야 하는지 알고 싶어한다. A원장은 연봉계약서를
  간호조무사 B와 다시 체결해야 할까?

1년마다 갱신하는 연봉계약서를 작성하는 것이 일반적이다. 직원을
믿고 연봉계약서 작성을 소홀히 하다가 퇴직한 직원이 신고한다고 협박
해서 어려움을 갖는 원장도 있는 것 같다. 따라서 의원에서 근무하는 직
원들과 매년 연봉계약서를 맺는 것에 소홀하면 안된다. 근로계약의 체
결 및 변경시에는 근로기준법에서 정한 근로조건을 명시하고 반드시 서
면으로 작성하여 근로자에게 교부하여야 한다.

연봉 총액에 퇴직금을 포함시킬 수 있나요? ↘

🎯 연봉 총액에 퇴직금을 포함시킬 수 있나요?18)

제 6 조 【임금】

1. 급여는 기본급여와 실적에 따른 성과급으로 구분되며 기타 수당 및 돌발적 상황 등으로 야간, 휴일, 연장근로 등 불특정근로에 대한 법정 제수당으로서 연봉제 급여로 한다.
2. 을에 대한 총 급여비용은 세후 연 _____ 원(_____ 만원)으로 한다. 그 중 월 급여는 _____ 원(_____ 만원), 월 퇴직금은 _____ 원(_____ 만원)이 총 급여에 포함된다.
3. 임금은 세후 금액으로서 근로자가 부담해야 하는 법정 세금 및 보험료는 "갑"의 책임이다.
4. 임금은 전액지급의 원칙과 일정 기일 지급의 원칙 아래 매월 초일부터 말일까지 계산한 금액을 익월 ____일에 "을"이 지정한 은행 계좌에 입금하는 방법으로 지급한다.

저의 연봉은 44,000,000원이며 연봉에는 월 급료, 상여금, 연월차수당 등 제반 제수당이 포함되어 있고, 그 중 4,000,000원은 퇴직금으로 이를 1년 12회 분할하여 매월 10일에 월 급료와 함께 지급하고 있습니다. 이러한 퇴직하지 않은 상태에서 지급되는 이러한 퇴직금을 법정 퇴직금으로 볼 수 있는지요?

근로기준법 제34조에 의한 법정 퇴직금은 근로자의 퇴직 시에 비로소 발생하는 사용자의 의무사항이므로 아무런 근거나 규정 없이 미리 퇴직금이라는 명목의 금품을 지급한 것은 효력이 없다고 보는 것이 노동부나 법원의 입장입니다. 그러나 사례의 경우처럼 근로계약에 의해 당사자가 1년 동안의 퇴직금을 1/12 등분하여 매 월봉에 포함시켜 분할 지급하는 것을 약정한 경우, 노동부는 퇴직금이 선 지급된 것으로 인정하고 있습

---

18) 한국노동조합총연맹(http://inochong.org/faq/4333)

니다. 노동부의 해석은 근로자에게 불이익이 없는 한 당사자 간에 자유의사에 의하여 퇴직금을 선지급하는 것을 인정한다는 것입니다. 따라서 연봉계약시 연간 임금총액에 퇴직금액을 포함시키고 이를 매월 분할하여 지급하는 것도 가능하다는 결론에 이르게 됩니다. 다만, 이렇게 1년 단위의 퇴직금을 1/12로 나누어 매월 분할 지급하는 퇴직금지급방법이 유효하게 성립하기 위해서는 다음과 같은 조건을 충족해야 합니다.

① 당해 사업장의 개별근로계약 또는 취업규칙 또는 단체협약에서 퇴직금 중간정산에 관한 근거가 마련되어 있어야 합니다.
② 개별근로자와의 연봉계약 체결과정에서 당사자 간 합의에 기초하여야 합니다.
③ 연봉액 속에 1년간의 퇴직금 상당액 몇 원을 구체적으로 명확하게 적시하여야 합니다.
④ 근로자의 연봉에 포함되어 미리 지급된 퇴직금은 근로자가 퇴직하는 시점에서 근로기준법상 계산방법으로 산정한 퇴직금의 액수에 미달하지 않아야 합니다.

위와 같은 요건을 갖추지 않고 단순히 연봉제라고 하여 연봉제 안에 퇴직금이 포함되었다고 하여 근로자가 퇴직 시 퇴직금을 지급하지 않는 것은 인정되지 않습니다. 이 경우에는 근로자가 퇴직하는 시점에 근로기준법에 의해 실제 발생한 퇴직금 전액을 추가로 지급하여야 하는 경우가 발생할 수도 있습니다. 따라서 연봉계약을 체결하였다 하더라도 퇴직금을 연봉에 포함시키는 것보다는 별도로 지급하는 것이 당사자 간에 다툼을 방지할 수 있는 방법입니다.

병·의원에 근무하는 직원의 최저임금은 얼마일까?

2025년 적용 최저임금 시간급 10,030원

- 올해에 비해 170원 올라, 월 환산액은 2,096,270원(월 209시간 기준) -

2024.8.5.(월), 고용노동부는 2025년도 적용 최저임금을 시간급 10,030원으로 결정·고시했다. 이를 월급으로 환산할 경우 2,096,270원(1주 소정근로 40시간 근무, 월 209시간 기준)이며, 사업의 종류별 구분 없이 전 사업장에 동일한 최저임금이 적용된다. 209시간은 주당 40시간×1.2/7×365하면 구할 수 있다.

◎ A원장은 직원 한 명을 새로 뽑기로 했다. A원장이 직원을 2025년 기준 최저임금으로 채용할 경우 부담해야 하는 직원의 4대 보험료는 얼마일까? A원장은 새로 채용한 직원의 4대 보험료 217,440원을 매월 부담해야 한다.

월 급여 : 2,096,270 원 [계산] [초기화]

근로자수: ● 150인 미만 기업 ○ 150인 이상 (우선지원 대상기업) ○ 150인 이상 1,000인 미만 기업 ○ 1,000인 이상 기업, 국가 지방자치단체

구분	보험료 총액	근로자 부담금	사업주 부담금
국민연금	188,640 원	94,320 원	94,320 원
건강보험	148,620 원	74,310 원	74,310 원
건강보험 (장기요양)	19,240 원	9,620 원	9,620 원
고용보험	42,960 원	18,860 원	24,100 원
합계	399,460 원	197,110 원	202,350 원

구분			요율
산재요율	업종 요율	보건 및 사회복지사업　보험료율 찾기	6.00
	출퇴근재해요율	전업종 동일요율 적용	0.6
임금채권부담금비율　내용확인		◉해당 / ○비해당	0.6
석면피해구제분담금　내용확인		○해당 / ◉비해당	0.06
산재보험료율			7.20

보수총액(월평균보수)1	보험료율	산재보험료1
2,096,270　원	7.20	15,090　원
보험료 총액		15,090　원

◉ A원장이 새로 채용한 직원에게 최저임금액에 미달하여 임금을 지불해도 문제가 없을까?

최저임금법 제6조는 근로자 1명 이상인 모든 사업장에 적용된다. 따라서 A원장은 3년 이하의 징역 또는 2천만원 이하 벌금에 처해지거나 두개의 벌칙을 동시에 받을 수도 있으니 주의해야 한다. 단, 1년 이상의 기간을 정하여 근로계약을 체결하고 수습 중에 있는 근로자로서 수습을 시작한 날부터 3개월 이내인 사람에 대하여는 최저 임금액의 10%를 감액하여 지급이 가능하다. 다만, 단순노무업무로 고용노동부장관이 정하여 고시한 직종에 종사하는 근로자에게는 수습여부, 계약기간과 관계없이 최저임금액의 100%를 지급해야 한다.

◉ A원장은 새로 채용한 직원에게 임금을 지급할 예정이다. A원장은 직원에게 임금을 지급할 때 급여명세서를 교부해야 하는 걸까?

근로기준법에 따라서 임금명세서의 교부는 필수이다. 위반시 A원장에게 500만원 이하 과태료가 부과될 수 있다.

사용자는 임금을 지급하는 때에는 근로자에게 임금의 구성항목·계산방법, 제43조 제1항 단서에 따라 임금의 일부를 공제한 경우의 내역 등 대통령령으로 정하는 사항을 적은 임금명세서를 서면(「전자문서 및 전자거래기본법」 제2조 제1호에 따른 전자문서를 포함)으로 교부하여야 함.

(출처: 고용노동부)

◎ 총 근로기간, 월 근무일수, 월 근무시간에 따른 4대 보험 가입 여부

총 근로기간	월 근무 일수	월 근무 시간	국민연금 (60세 미만)	건강보험 (연령무관)	고용보험 (65세 미만)	산재보험 (연령무관)
가입 대상			18세 이상 60세 미만 (근로자와 사용자)	근로자와 사용자	모든 근로자	
1개월 미만 (일용직)	상관없음		가입대상 아님		가입대상 (하루만 일해도)	
1개월 이상 ~ 3개월 미만	8일 미만	60시간 미만	가입대상 아님 (월 소득 220만원 이상은 국민연금 가입대상)		가입대상	
	8일 이상		가입대상	가입대상 아님		
	상관없음	60시간 이상	가입 대상			
3개월 이상	8일 미만	60시간 미만	가입대상 아님 (월 소득 220만원 이상은 국민연금 가입대상)		가입대상	
	8일 이상		가입대상	대상아님		
	상관없음	60시간 이상	가입대상			

페이닥터가 순액(net) 지급방식으로 월급을 달라고 하는데 어떻게 할까?

◎ 페이닥터가 순액(net) 지급방식으로 월급을 달라고 하는데 어떻게 할까?

지급총액 **+** 갑근세 및 4대보험료 **=** 실수령액

　Gross방식은 갑근세 및 4대 보험료를 페이닥터가 부담하고 Net방식은 원장이 부담한다. A원장은 2023년부터 환자가 급증해서 페이닥터를 고용하기로 했다. 페이닥터는 다른 직원들과 달리 세후 기준으로 월급 7백만원을 달라고 요구했다. 세후 기준으로 월급 7백만원이면 세전 기준으로 8,995,330원이다. 왜냐하면 4대 보험료가 707,191원 그리고 근로소득세(지방소득세 포함)가 1,289,138원이기 때문이다. 즉, A원장은 세전 기준으로는 8,995,330원을 세후 기준으로는 7백만원을 매월 페이닥터에게 지급해야 한다. 원래 페이닥터가 부담해야 하는 근로자부담금을 포함한 4대 보험료 전액과 근로소득세를 합한 약 2백만원은 개인사업자인 A원장이 부담해야 한다. 즉, 종합소득세에서는 약 9백만원의 급여를 지급대장에 기록을 해야지 세법상 경비로 인정받을 수 있다. 만약 세후 월급 7백만원의 급여만 지급대장에 기록했을 경우 A원장은 세법상 9백만원이 아닌 7백만원만 경비로 인정받을 수 있어 A원장의

종합소득세 부담이 늘어나게 된다. 더구나 페이닥터가 퇴직할 때 퇴직금은 세전 금액을 기준으로 퇴직금을 계산해야 하기 때문에 A원장의 부담은 더욱 늘어나게 된다(대법 2016다200200, 2021.6.24.). 따라서 페이닥터와 순액 지급방식으로 근로계약할 경우 비용 부담에 대해서 종합적으로 검토할 필요가 있다.

◎ 세후 임금을 기준으로 하는 소위 네트(net)계약을 체결한 경우, 연말정산환급금이 근로기준법 제36조에 따른 금품청산 대상에 포함되는지 – 사업주에게 속한다

「근로기준법」 제43조 제1항의 규정에 따라 임금은 통화(通貨)로 직접 근로자에게 그 전액을 지급하여야 한다. 다만, 법령 또는 단체협약에 특별한 규정이 있는 경우에는 임금의 일부를 공제하거나 통화 이외의 것으로 지급할 수 있다. 근로계약을 체결하면서 임금액을 정하고 사용자가 관련 법령에 따라 그 임금액에서 매월 각종 세금 등을 원천징수한 경우에는 연말정산환급금은 근로자의 임금에서 공제한 세금을 정산하여 돌려받는 것이므로 기타금품(근로기준법 제36조 소정의 '그 밖의 모든 금품')에 해당한다 할 것이다.

그러나, 근로자와 사용자 간에 근로계약을 체결함에 있어 일정금액으로 근로계약을 명백히 체결하고 근로자에게 납부의무가 부여된 사회보험료 및 각종세금 등을 사용자가 부담하기로 하는 소위 네트(net)계약을 체결한 경우라면, 동 금품은 그 액수와 관계없이 그 전액을 사용자가 부담하기로 한 점, 추징금이 발생한 경우 이는 사용자의 회계처리상 과소 납부로 인한 것이므로 사용자가 부담하여야 하는 것으로 보이는 점 등을 살펴보면 환급금 또한 사용자의 회계처리상 과다 납부로 인해 발생한 것이므로 법 제36조에 따른 기타금품에 해당한다고 보기 어렵다 (근로기준정책과-1340, 2015.4.6.). 따라서 페이닥터와 근로계약서를 체결할 때 다음과 같은 특약사항을 포함하는 것이 일반적이다.

4. 연말정산(소득세법 제137조 제1항에 따른 해당 과세기간 다음 연도 2월 분의 근로소득 지급 시의 연말정산) 환급금 또는 추징금은 "갑"에게 귀속하며, 해당 과세기간 동안 발생한 타 기관 소득은 본원과 안분하여 정산한다.

5. 단, "을"이 중도 퇴사할 때 발생하는 중도퇴직자 연말정산 환급금은 퇴사 즉시 "을"에게 지급하여야 하며, 안분정산의 합의에 따라 추후 연말정산(소득세법 제137조 제1항에 따른 해당 과세기간 다음 연도 2월 분의 근로소득 지급 시의 연말정산) 내역 중 _____병원 소득에 대한 환급금 또는 추징금은 "갑"에 귀속하는 것으로 한다.

◎ 페이닥터를 채용할 때 근로소득이 아닌 사업소득으로 분류하는 경우는?

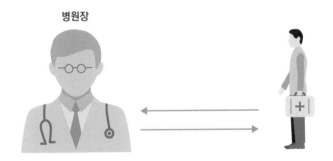

A원장은 2023년부터 환자가 급증해서 페이닥터를 고용하기로 했다. 페이닥터는 다른 페이닥터와 달리 진료 건수나 수술 건수에 따라서 보수를 산정해서 지급해 달라고 A원장에게 요청했다. A원장은 페이닥터에게 지급되는 소득이 근로소득인지 사업소득인지 결정할 수가 없었다.

의사가 독립된 자격으로 고용관계가 없는 병원과 약정을 체결하여 마취의료용역을 제공하고 받는 수당 기타 이와 유사한 성질의 대가는 소득세법 제19조 제1항 제14호 규정의 사업소득에 해당하여 소득세가 과세된다(서일 46011-10045, 2003.1.15.). 따라서 해당 페이닥터에게 지급되는 소득은 사업소득에 해당된다. 그러므로 A원장이 페이닥터에게 지급되는 소득을 세무서에 사업소득으로 신고할 경우 병·의원 입장에서는 4대 보험 부담의 위험이 없다. 법인 또는 개인사업자가 동 사업소득을 지급하는 때에는 소득세법 제144조의 규정에 의하여 지급금액에 100분의 3의 원천징수세율을 적용하여 계산한 소득세를 원천징수하여야 한다. 이 경우 동 사업소득이 있는 거주자는 연간 사업소득금액을 합산(근로소득금액 등 다른 종합소득금액이 있는 경우 이를 합산)하여 당해연도의 다음 연도 5월 1일부터 5월 31일까지 주소지 관할 세무서장에게 종합소득 과세표준 확정신고를 하여야 하며, 이 때 연간 원천징수된 세액의 합계액이 종합소득 총결정세액을 초과하는 경우에는 그 초과하는 세액을 주소지 관할 세무서장으로부터 환급받는다(서이 46013-11692, 2002.9.10.).

① 사업주인 A원장은 사업소득 계약서에 따라 페이닥터에게 지급하는 금액의 3.3%를 원천징수하고 나머지만 페이닥터에게 지급한다.
② 페이닥터는 사업소득자인 프리랜서이므로 사업주인 A원장은 페이닥터의 고용보험 등 4대 보험과 상관이 없다. 따라서 병·의원 입장에서는 4대 보험 부담의 위험이 없다.
③ 페이닥터는 익년 5월 31일(6월 30일)까지 종합소득세 신고를 해야 한다.

병·의원의 직원이 퇴사하면 퇴직금을 지급해야 할까?

사용자(병·의원)는 퇴직하는 근로자에게 급여를 지급하기 위하여 퇴직급여제도 중 하나 이상의 제도를 설정하여야 한다(근로자퇴직급여 보장법 제4조).

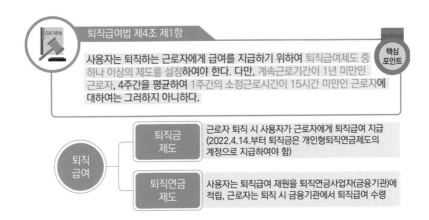

근로자의 노후소득 보장을 위해 회사가 퇴직급여 재원을 외부 금융기관에 적립하고, 퇴직 시 연금 또는 일시금으로 지급하도록 하는 제도이다.

2005년 12월, 근로자퇴직급여 보장법과 함께 퇴직연금제도가 도입되었다. DB와 DC의 차이점은 다음과 같다.

	확정급여형 (DB)	확정기여형(DC) 기업형IRP	중소기업 퇴직연금기금제도
사용자 부담금	적립금 운용에 따라 변동	사전 확정 (매년 임금총액의 1/12 이상)	사전 확정 (매년 임금총액의 1/12 이상)
적립금 운용 주체	병원장	간호사	근로복지공단
퇴직급여 수준	사전 확정 (평균임금 30일분 × 근속연수) 이상	매년 임금총액의 1/12 + 운용수익	매년 임금총액의 1/12 + 운용수익
정부의 재정지원	해당 없음	해당 없음	월 230만원 미만인 가입자, 부담금의 10% 지원, 지원기간 3년

* 중소기업 퇴직연금 기금제도는 상시 30인 이하 중소기업의 사용자, 근로자가 납입한
 부담금으로 공동의 기금을 조성하여 운영하는 기금형제도

병·의원은 퇴직금을 DB로 할까? DC로 할까?

🎯 **DB와 DC의 기업회계처리 및 세무조정은 다음과 같다.**

납입주체	제도	기업회계처리	세무조정 등
병원장	퇴직금제도 (사내적립)	비용 처리 (현금 유출 없이 장부상 계상)	한도초과분 손금불산입
	확정급여형 (DB)	부담금 납입은 퇴직연금자산으로 계상, 퇴직급여(비용) 발생 금액은 퇴직부채로 인색	자산처리 인정, 퇴직급여(비용) 중 세법상 한도초과분 손금불산입
	확정기여형 (DC)	부담금 납입은 전액 비용 처리	전액 손금산입
간호사	DC or IRP	–	추가 납입분은 한도 내 세액공제

병·의원은 직원의 퇴직금을 DB로 할까? DC로 할까? 99%의 병·의원이 DB가 아닌 DC로 직원의 퇴직급여제도를 운영한다. 4인 이하 병·의원도 마찬가지이다.

왜냐하면 병·의원은 매년 퇴직연금을 불입하는 시점마다 비용 처리할수 있을 뿐만 아니라 나중에 직원이 퇴직한다고 했을 때 일시적으로 거액의 퇴직금을 준비하는 부담을 덜 수 있기 때문이다.

그러면 개인사업자인 원장도 DC에 가입할 수 있을까? 가입할 수 없다. 왜냐하면 원장은 개인사업자이기 때문이다.

직원이 주택을 구입한다고 퇴직금을 중간정산 해달라고 하는데?

확정기여형(DC) 가입자는 근로자퇴직급여 보장법 시행령 제3조에서 정한 요건에 해당하는 경우라면 적립금의 100%까지 중도인출이 가능하다. DB가입자는 중도인출이 불가능하다.

중도인출 법정사유 ─────────────────────

 무주택자가 가입자 본인명의로 주택을 구입하는 경우

 무주택자의 전세금·임차보증금 (사업장별 1회 한정)

 가입자 본인의 연간 임금총액 12.5%를 초과하여 본인 또는 부양가족의 6개월 이상 요양에 필요한 의료비를 부담한 경우

 최근 5년 이내 가입자가 '파산 신고 또는 개인회생 절차개시'의 결정을 받은 경우

 자연 및 사회재난으로 피해를 입은 경우

 퇴직연금 담보대출 원리금을 상환하기 위한 경우

예를 들면, 무주택자인 근로자가 주택을 구입하는 경우 퇴직금 중간정산이 가능하다. 6개월 이상의 요양을 필요로 하는 근로자의 의료비도 가능하다. 근로자퇴직급여 보장법상 담보대출이 가능하도록 규정하고 있으나, 근로자의 퇴직 전에는 담보권 실행이 현실적으로 불가한 법적 한계 등의 사유로 현재 시행되고 있지 않다.

✅ 환산급여 = (퇴직금 − 근속연수공제) ÷ 근속연수 × 12(배수적용)

✅ 퇴직소득 산출세액 = 과세표준 × 기본세율(6%~45%) ÷ 12(배수적용) × 근속연수

◎ 퇴직소득세는 다음과 같이 계산한다.

퇴직소득금액 ▶ 환산급여 ▶ 환산급여공제 ▶ 퇴직소득 과세표준 ▶ x 세율 등 ▶ 퇴직소득 산출세액

퇴직급여 금액에 따른 퇴직소득세의 실효세율은 다음과 같다. 예를 들면 직원의 퇴직급여가 1억원이고 근속연수가 5년일 경우 실효세율은 11.3%이다. 만약 직원의 근속연수가 10년일 경우 퇴직 실효세율은 5.5%로 대폭 낮아진다.

★★★ 퇴직소득세 조견표
★ (2024년 기준)

실효세율   높음 ◄─────────────────────► 낮음

	근속연수 5년	10년	15년	20년	25년
퇴직급여 1억원	11.3%	5.5%	4.0%	2.9%	1.8%
2억원	18.5%	11.2%	7.6%	5.2%	4.4%
3억원	21.7%	15.5%	11.1%	8.3%	6.6%
4억원	23.6%	18.4%	13.9%	11.0%	8.6%

실효세율 낮음 / 높음

병·의원
세무 관리

절세와 탈세 어떻게 다를까요?

🎯 절세와 탈세, 어떻게 다를까요?

	절세	조세회피	탈세
개념	합법적인 조세부담의 감소 행위	세법에 규정이 없는 방법을 이용, 조세부담 부당 감소 행위나 계산	사기 기타 부정한 방법
효과	세법상 적법 사법상 적법	위법 적법	위법 위법
사례	각종 세액공제, 세액감면제도	부당행위계산 부인	이중계약서, 허위 장부
규제	제재규정 없음	소득금액 재계산, 가산세 부과	소득금액 재계산, 가산세 부과, 조세범으로 처벌

▶ 매출액이 동일 병과의 평균매출액보다 낮거나 지역별 평균 매출액보다 낮을 경우 세무조사의 가능성이 높아진다.

▶ 표준 소득률에 맞게 신고 소득률을 안정적으로 관리하여 세무조사의 가능성을 낮춘다

▶ 주요경비율이 성실신고한 다른 병·의원 대비 높을 경우 세무조사대상으로 선정될 가능성이 높아진다.

▶ 부가가치율의 지속적 관리로 사후 검증이나 세무조사의 가능성을 낮추는 것이 절세의 핵심이다.

◎ 사업장현황신고

부가가치세가 면세되는 개인사업자인 병·의원, 치과, 한의원 등 의료업자는 직전 연도 연간 수입금액 및 사업장현황을 사업장 관할 세무서에 신고하여야 한다.

국세청으로부터 아래와 같이 사업장현황신고 안내문을 받으면 본인이 면세대상자인지를 직접 확인해야 한다. 면세대상자가 아니면 사업장현황신고를 할 필요는 없다. 면세대상자인 경우에는 당연히 사업장현황신고를 해야 한다.

안녕하십니까?
부가가치세가 **면세되는** ▇▇▇▇▇▇▇▇▇▇▇ **수입금액** 등 사업장 현황을 **2월 10일(금)까지** 신고하여야 합니다.
사업장 현황신고를 하면 다가오는 **5월**에 국세청에서 제공하는 모두채움 신고서 등 **간편신고서비스**를 통해 편리하게 종합소득세를 신고할 수 있습니다.

홈택스를 이용하면 쉽고 간편하게 신고하실 수 있습니다.

홈택스(www.hometax.go.kr) 전자신고

단 계	주요 내용
1. 홈택스 로그인	• 국세청 홈택스 〉 신고/납부 〉 일반신고 〉 사업장현황신고 〉 로그인 　• 로그인 방법 : 공동·금융인증서, 간편인증, 아이디, 생체인증, 비회원 　•• 간편인증은 통신사 인증으로도 가능
2. 기본정보 입력	• 인적사항은 **자동입력됨** 　• **무실적 사업자**는 「**무실적 신고**」 클릭

병·의원업은 원칙적으로 부가가치세 면세 사업자이므로 부가가치세를 신고 및 납부할 의무가 없다. 그러나 직전 연도 사업장현황 및 직전 연도의 총수입금액과 임차료, 인건비, 교재구입비를 포함한 주요 기본경비

등을 포함한 사업장현황신고 의무가 있다. 따라서 부가가치세가 면세되는 병·의원업 개인사업자는 결손이 발행한 경우에도 직전 연도 연간 수입금액 및 사업장현황을 사업장 관할 세무서 혹은 홈택스(모바일 포함)를 통해 신고해야 한다. 그러나 병·의원업을 운영하는 법인 사업자는 사업장현황신고 의무가 없다.

◎ 사업장현황신고의 신고기한

사업장현황신고의 신고기한은 익년도 1월 1일부터 2월 10일 사이에 사업장 소재지 관할 세무서에 신고하면 된다. 전년도에 병·의원업을 폐업한 경우 사업장현황신고는 익년도 2월 10일까지 하면 된다.

◎ 사업장현황신고 시 제출서류

사업장현황신고 시 수입금액검토(부)표, 매출·매입처별계산서 합계표와 매입처별세금계산서 합계표를 제출하여야 한다. 합계표를 미 제출할 경우 공급가액의 1%에 해당하는 가산세가 부과된다. 사업장현황신고를 하면 5월에 국세청에서 제공하는 모두 채움 신고서 등 간편신고서비스를 통해 편리하게 종합소득세를 신고할 수 있다.

◎ 사업장현황신고 미이행에 따른 불성실가산세

① 사업장현황신고 미이행에 따른 불성실가산세

「의료법」에 따른 의료업, 「수의사법」에 따른 수의업 및 약사법에 따라 약국을 개설하여 약사에 관한 업을 행하는 사업자로서, 사업장현황신고를 하지 아니하거나 신고하여야 할 수입금액에 미달하게 신고한 때에는 그 신고하지 아니한 수입금액 또는 미달하게 신고한 수입금액의 0.5%에 해당하는 금액을 해당 과세기간의 종합소득세 결정세액에 가산(소득세법 제81조의 3 및 같은 법 시행령 제147조의 2)

② 사업장현황신고 보고불성실가산세

사업자(소규모 사업자 제외)가 매출·매입처별계산서 합계표 및 매입처별세금계산서 합계표를 제출기한 내에 미 제출하거나 매출·매입처별계산서 합계표 및 매입처별세금계산서 합계표를 제출한 경우로서 그 합계표에 기재하여야 할 사항의 전부 또는 일부가 기재되지 아니하거나 사실과 다르게 기재된 경우에는 공급가액의 0.5%에 해당하는 금액이 결정세액에 더해질 수 있다(소득세법 제81조의 10 및 같은 법 시행령 제147조의 6).

◎ 제출기한이 지난 후 1개월 이내에 제출하는 경우에는 공급가액의 0.3%에 해당하는 금액이 결정세액에 더해진다.

공급가액의 0.5%에 해당하는 보고불성실가산세는 소규모 사업자에게는 적용되지 않는다. 소규모 사업자란 해당 연도 신규 사업자, 직전 연도 총수입금액이 4,800만원 미달한 사업자 그리고 보험모집인 등 사업소득 연말정산자를 말한다. 따라서 일반적으로 병·의원업을 운영하는 개인사업자인 원장은 소규모 사업자에 해당되지 않는다.

◉ 부가가치세 신고대상자인 과세사업을 하는 병·의원의 경우 사업장현황 신고의무

매 반기마다 부가가치세 신고를 한다. 따라서 2월 10일의 면세사업자 사업장현황신고는 하지 않아도 된다(소득세법 제78조 제1항 제2호). 사업자가 「부가가치세법」상 과세사업과 면세사업 등을 겸영(兼營)하여 면세사업 수입금액 등을 신고하는 경우에는 그 면세사업 등에 대하여 사업장 현황신고를 한 것으로 본다. 단, 종목별수입금액검토표와 수입금액검토표 부표를 익년도 2월 10일까지 제출해야 한다.

◉ 원천징수세액 신고·납부의무 및 가산세

구분	소득의 구분	원천징수
근로자인 페이닥터, 간호사, 간호조무사	근로소득	○
대직 의사	사업소득	○
일용직 직원	근로소득	○
근로자 퇴직 시	퇴직소득	○

① 병·의원업을 운영하는 원장은 근로자인 페이닥터, 간호사, 간호조무사 등에게 각종 소득을 지급할 때 근로자가 납부하여야 할 세금을 미리 징수한 뒤 지급일이 속하는 달의 다음 달 10일까지 원천징수세액을 신고·납부하여야 한다. 정직원 급여의 경우 국세청이 미리 계산해 놓은 "간이세액조견표"를 기준으로 원천징수해야 한다. 직원 급여 1년치에 대해서는 다음 해 3월 10일까지 연말정산 신고해야 한다.

② 대직의사를 채용할 때는 사업소득으로 분류해서 3.3%를 원천징수해야 한다.

③ 일용직 직원을 채용할 때는 근로소득으로 분류해서 6.6%를 원천징수한다.

④ 근로자가 퇴직할 때는 퇴직소득으로 분류한 뒤 연분연승법을 사용해서 6~45%를 원천징수 한다.

⑤ 직전 연도 (신규사업개시자는 신청일이 속하는 반기) 상시고용인원이 20인 이하인 경우 원천징수의무자인 원장은 승인 혹은 지정을 받아 징수일이 속하는 반기의 마지막 달의 다음 달 10일까지(1월 10일, 7월 10일) 원천징수세액을 신고·납부할 수 있다.

⑥ 원천징수세액을 제대로 신고 및 납부하지 않을 경우 가산세가 부과된다.

◎ 직원과 원장의 4대 보험료는?

구분	부담률	부담주체	
		병·의원	본인
국민연금보험료	9%	4.5%	4.5%
고용보험료	총 임금의 2.05%	1.15%	0.9%
건강보험료*	7.09%	3.545%	3.545%
장기요양보험료**	0.9182%	0.4590775%	0.4590775%
산재보험료	업종별로 달라짐		

* 건강보험료: 매월 납부하는 보수월액 보험료 계산법
　① 보수월액 × 보험료율(7.09%)
　② 근로자와 사용자가 각각 50%씩 부담
　　매월 납부하는 소득월액 보험료 계산법(소득월액 × 보험료율(7.09%))
　　– 소득월액 보험료 = {(연간 보수 외 소득 – 2,000만원) / 12개월} × 소득평가율 (7.09%)
** 장기요양보험료는 별도임: 2024년 장기요양보험료율은 0.9182%

(예시) 직장가입자이면서 보수(월급) 외 본인 명의의 부동산에서 임대소득이 2,100만원이 발생한 경우	
소득월액 보험료 부과 산식	월 부과 금액
{(2,100만원−2,000만원)÷12개월}×7.09%	5,908원

예를 들면, 한입씨가 직장가입자로 2023년 보수월액이 7백만원이고 예금이자로 3,000만원을 받았다면 근로소득금액과 이자소득금액을 합쳐서 2024년 5월에 종합소득세 신고를 해야 한다. 한입씨가 5월 종합소득세 신고로 앞으로 추가로 내야 하는 매월 건강보험료는 66,730원으로 1년에 800,760원이다. 즉, 2천만원 초과분의 약 8%(건강보험료 7.09%+장기요양보험료 0.9182%)를 건강보험료로 추가 납부해야 한다.

◎ 상시 1인 이상의 근로자를 사용하는 사업장의 건강보험료

상시 1인 이상의 근로자를 사용하는 사업장에 고용된 근로자와 그 사용자는 건강보험 사업장 적용대상이다. 적용일은 사용자와 근로자간 고용관계 성립일이다. 이 경우 대표자는 해당 사업장에서 가장 높은 보수월액을 적용받는 근로자의 보수월액을 기준으로 건강보험료를 결정한다. 추후 종합소득신고 등을 통해서 확인된 소득을 바탕으로 보험료의 적정성을 확인한다.

◎ 건강보험법 시행령 제38조 제3항

확인금액 또는 신고금액을 기준으로 산정한 보수 월액이 해당 사업장에서 가장 높은 보수 월액을 적용받는 근로자의 보수 월액보다 낮은 경우는 해당 사업장에서 가장 높은 보수 월액을 적용받는 근로자의 보수월액을 사용한다.

⦿ 개인사업자의 건강보험료 매년 정산절차

① 개인사업자의 건강보험료는 직전 연도 소득을 기준으로 우선 부과한다.

② 익년도 5월/6월 개인사업자의 병·의원업에서 확정된 소득에 의해 직전 연도 건강보험료를 다시 산정한다.

③ 기납부한 보험료와 정산해서 익년도 6월/7월의 건강보험료에 추가해서 부과 징수한다.

⦿ 개인사업장 대표자의 보험료 산정에 포함되는 보수의 범위

대표자 당해 사업장의 사업소득과 부동산임대소득(부동산임대소득은 2004.1.1. 이후 발생분부터 포함)

⦿ 고용보험료와 산재보험료

① 채용 시

이름, 주민번호, 근무일수, 지급금액을 기재하여 매월 15일 근로복지공단에 신고

② 신고된 내용을 토대로 근로복지공단에서 고지서 발부

③ 퇴사시

다음 달 15일까지 피보험자격 상실신고서 및 이직확인서 제출

◎ 국민연금보험료 – 2024.7월부터 상향

구분		변경 전	변경 후
기준소득월액	상한액	590만원	617만원
	하한액	37만원	39만원
국민연금보험료	최고	53만 1천원	
	최저	3만 3천3백원	3만 5천1백만

　병·의원의 개인사업자인 원장이 월 1천만원을 버는 경우에도 월 소득 590만원으로 가정하고 국민연금보험료를 지금까지는 납부했으나 앞으로는 월 소득 617만원으로 보고 국민연금보험료를 납부해야 한다는 뜻이다. 즉, 기존의 월 531,000에서 월 555,300으로 월 24,300원이 인상된다.

병·의원의 부가가치세 관리방안은?

1. 과세유형

병·의원업을 영위하는 사업자는 공급대가와 관계없이 **간이과세적용이 배제**된다.

2. 겸영사업자(과세+면세사업자)

의료보건용역은 국민후생에 필수적인 용역으로 보아 **부가가치세 면세대상**이나, 2011.7.1. 이후부터 부가가치세법 시행령 제35조 개정에 따라 미용목적의 진료에 대하여는 국민후생의 목적이 아니라고 판단하여 **부가세 과세대상**에 포함한다.

구분	과세대상진료
성형외과	쌍꺼풀수술, 코성형수술, 유방확대축소술, 지방흡입술, 안면윤곽 등 * 유방암 수술에 따른 유방재건술, 성형수술 후유증치료, 선천성 기형의 재건수술, 종양제거에 따른 재건수술은 제외
치과	치아성형(치아미백, 라미네이트, 잇몸성형술) 등
피부과 한의원 일반의원	① 색소모반, 주근깨, 흑색점, 기미치료술 　(검버섯, 오타모반, 염증후 색소침착, 편평모반 등 기타 색소칠환은 과세 제외) ② 여드름치료술 (약에 대한 처방전만 발급하는 경우 과세 제외) ③ 제모술, 탈모치료술, 모발이식술 　(약에 대한 처방전만 발급하는 경우 과세 제외) ④ 문신술, 문신제거술, 피어싱 ⑤ 지방융해술 ⑥ 피부재생술, 피무미백술, 항노화치료술, 모공축소술

또한, 미용목적의 진료를 하지 않는 병·의원도 과세재화(건강기능식품, 화장품) 등을 판매하는 경우에는 부가세 과세대상에 해당한다.

3. 부가가치세 매출 과세표준

① 미용목적 성형수술 매출 등 과세매출분에 대해 부가가치세 신고서상 과세표준 및 매출세액에 기재하여 신고하고, 면세매출분은 부가가치세 신고서 하단 면세수입금액에 기재하여 신고한다.

② 부가가치세 적정 신고 시 사업장현황신고를 하지 않아도 되나, 면세수입금액 누락 신고 시 사업장현황신고 불성실가산세 0.5% 과세된다.

4. 매입세액 공제대상

① (의약품 구입) 의약품 중 미용목적 성형 등과 같은 과세관련 매입세액에 해당되는 경우 매입세액 공제 처리한다.

② (임차료 등 공통매입세액) 해당 과세기간의 부가가치세 과세 공급가액과 면세수입금액을 기준으로 안분하여 계산한다(과세매출 관련 매입세액만 공제).

③ (기타 불공제매입세액) 업무무관경비, 접대비, 비영업용소형승용차 관련 매입세액은 불공제 대상이다.

5. 신용카드 등 발행에 따른 세액공제

① 병·의원의 신용카드매출액이 미용목적 성형과 같은 과세매출에서 발생된 경우 결제금액에 1.3%을 납부세액에서 공제받을 수 있다.

② 면세매출로 발생된 결제금액에 대해서는 적용할 수 없으며, 직전

연도 매출 10억원을 초과하는 개인사업자는 적용할 수 없다.

6. 기타 관리방안

매입세액 공제여부에 관계없이 경비인정을 받기 위해 지출 증빙을 갖추고 있어야 하므로 적격 증빙인 세금계산서, 신용카드매출전표, 현금영수증을 수취하여야 한다.

 병·의원의 부가가치세 신고의무

◎ 부가가치세 신고의무

① 병·의원업은 원칙적으로 부가가치세 면세 사업자이므로 부가가치세를 신고 및 납부할 의무가 없다.

② 미용목적수술 등 과세사업을 겸영하는 성형외과, 피부과, 치과 등은 부가가치세 과세사업자이므로 부가가치세를 매년 1월 25일과 7월 25일까지 1년에 2회 신고 및 납부할 의무가 있다.

과세기간	신고대상자	과세대상기간		신고·납부기간
제1기 1.1.~6.30.	법인사업자	예정신고	1.1.~3.31.	4.1.~4.25.
		확정신고	4.1.~6.30.	7.1.~7.25.
	개인사업자	확정신고	1.1.~6.30.	7.1.~7.25.
제2기 7.1.~12.31.	법인사업자	예정신고	7.1.~9.30.	10.1.~10.25.
		확정신고	10.1.~12.31.	다음해 1.1.~1.25.
	개인사업자	확정신고	7.1.~12.31.	다음해 1.1.~1.25.

③ 병·의원업을 운영하는 개인사업자(일반과세자)는 직전 과세기간(6 개월) 납부세액의 50%를 부가가치세로 예정고지·납부(4월, 10월)해야 한다.

④ 성형외과, 피부과, 치과 등 부가가치세 과세사업자는 부가가치세를 무 신고할 경우 신고 불성실가산세 등을 납부하는 불이익이 있으므로 조심해야 한다.

⑤ 부가가치세를 신고할 경우에는 사전에 부가가치율(=(매출액-매입 액)/매출액)을 반드시 점검해야 한다. 직전 과세기간의 부가가치율 대 비 차이가 상당히 나거나 동종업계 평균 부가가치율 대비 차이가 상 당히 날 경우에는 매출액이 누락되거나 축소되었는지 혹은 실제거래 가 없는 가공매입 등이 있었는지를 점검해야 한다. 왜냐하면 직전 과 세기간의 부가가치율 대비 차이가 상당히 나거나 동종업계 평균 부가 가치율 대비 차이가 상당히 날 경우에는 과세관청은 불성실신고로 보 고서 사후검증이나 세무조사에 착수할 가능성이 높아지기 때문이다.

> 부가가치율의 지속적 관리를 통한 세무조사 가능성을 낮추는 것이 절세의 핵심

⑤ 과세사업과 면세사업을 겸영하는 성형외과, 피부과, 치과 등에서는 매입세액과 불공제에 대한 안분계산이 적정하게 되었는지를 점검하는 것이 중요한 부분이다.

ⓐ 보톡스, 필러 시술 등 주름살을 완화하는 약물투여 시술은 부가세 과세대상일까?

보톡스, 필러 시술 등 주름살을 완화하는 약물투여 시술이 「국민건강보험법」 제39조 제3항에 따라 요양급여의 대상에서 제외되는 미용목적 성형수술(주름살제거술 등)에 해당되는 경우에는 「부가가치세법 시행령」 제29조 제1항 마목에 따라 2011.7.1. 이후 공급하는 분부터 부가가치세 면제대상에서 제외된다(부가-397, 2011.4.14.).

ⓐ 한의사가 주름살제거 등을 목적으로 하는 침술이 과세대상 의료보건용역에 해당할까?

한의사가 유방확대·축소 또는 주름살제거를 목적으로 하는 침술이 「국민건강보험법」 제39조 제3항에 따라 요양급여의 대상에서 제외되는 미용목적 성형수술에 해당되는 경우에는 2011.7.1. 이후 공급하는 분부터 부가가치세 면제대상에서 제외된다(부가-1037, 2011.8.31.).

부가가치세를 면세하는 의료보건용역의 범위

ⓐ 부가가치세를 면세하는 의료보건용역의 범위(부가세법 시행령 제35조)

의료보건용역은 다음 각 호의 용역(「의료법」 또는 「수의사법」에 따라 의료기관 또는 동물병원을 개설한 자가 제공하는 것을 포함한다)으로 한다.

1. 「의료법」에 따른 의사, 치과의사, 한의사, 조산사 또는 간호사가 제공하는 용역. 다만, 「국민건강보험법」 제41조 제4항에 따라 요양급여의 대상에서 제외되는 다음 각 목의 진료용역은 제외한다.

　가. 쌍꺼풀수술, 코성형수술, 유방확대·축소술(유방암 수술에 따른 유방 재건술은 제외한다), 지방흡인술, 주름살제거술, 안면윤곽술, 치아성형(치아미백, 라미네이트와 잇몸성형술을 말한다) 등 성형수술(성형수술로 인한 후유증 치료, 선천성 기형의 재건수술과 종양 제거에 따른 재건수술은 제외한다)과 악안면 교정술(치아교정치료가 선행되는 악안면 교정술은 제외한다)

　나. 색소모반·주근깨·흑색점·기미 치료술, 여드름 치료술, 제모술, 탈모치료술, 모발이식술, 문신술 및 문신제거술, 피어싱, 지방용해술, 피부재생술, 피부미백술, 항노화치료술 및 모공축소술

2. 「의료법」에 따른 접골사(接骨士), 침사(鍼士), 구사(灸士) 또는 안마사가 제공하는 용역

3. 「의료기사 등에 관한 법률」에 따른 임상병리사, 방사선사, 물리치료사, 작업치료사, 치과기공사 또는 치과위생사가 제공하는 용역

4. 「약사법」에 따른 약사가 제공하는 의약품의 조제용역

5. 「수의사법」에 따른 수의사가 제공하는 용역. 다만, 동물의 진료용역은 다음 각 목의 어느 하나에 해당하는 진료용역으로 한정한다.

　가. 「축산물 위생관리법」에 따른 가축에 대한 진료용역

나. 「수산생물질병 관리법」에 따른 수산동물에 대한 진료용역

다. 「장애인복지법」 제40조 제2항에 따른 장애인 보조견표지를 발급 받은 장애인 보조견에 대한 진료용역

라. 「국민기초생활 보장법」 제2조 제2호에 따른 수급자가 기르는 동물의 진료용역

마. 가목부터 라목까지의 규정에 따른 진료용역 외에 질병 예방 및 치료를 목적으로 하는 동물의 진료용역으로서 농림축산식품부장관 또는 해양수산부장관이 기획재정부장관과 협의하여 고시하는 용역

9. 「응급의료에 관한 법률」 제2조 제8호에 따른 응급환자이송업자가 제공하는 응급환자이송용역

12. 「폐기물관리법」 제25조에 따라 생활폐기물 또는 의료폐기물의 폐기물처리업 허가를 받은 사업자가 공급하는 생활폐기물 또는 의료폐기물의 수집·운반 및 처리용역과 같은 법 제29조에 따라 폐기물처리시설의 설치승인을 받거나 그 설치의 신고를 한 사업자가 공급하는 생활폐기물의 재활용용역

14. 「노인장기요양보험법」 제2조 제4호에 따른 장기요양기관이 같은 법에 따라 장기요양인정을 받은 자에게 제공하는 신체활동·가사활동의 지원 또는 간병 등의 용역

16. 「모자보건법」에 따른 산후조리원에서 분만 직후의 임산부나 영유아에게 제공하는 급식·요양 등의 용역

17. 「사회적기업 육성법」 제7조에 따라 인증 받은 사회적기업 또는 「협동조합기본법」 제85조 제1항에 따라 설립인가를 받은 사회적협동조합이 직접 제공하는 간병·산후조리·보육용역

18. 「정신건강증진 및 정신질환자 복지서비스 지원에 관한 법률」 제15조
    제6항 및 그 밖에 기획재정부령으로 정하는 법령에 따라 국가 및
    지방자치단체로부터 의료보건용역을 위탁받은 자가 제공하는 의
    료보건용역

 부가가치세를 과세하는 의료보건용역의 범위

◉ 부가가치세가 과세되는 의료보건용역의 범위(부가세법 시행령 제35조)

「국민건강보험법」 제41조 제4항에 따라 요양급여의 대상에서 제외되는
다음 각 목의 진료용역은 과세한다.

① 쌍꺼풀수술, 코성형수술, 유방확대·축소술(유방암 수술에 따른 유
방 재건술은 면세한다), 지방흡인술, 주름살제거술, 안면윤곽술, 치아
성형(치아미백, 라미네이트와 잇몸성형술을 말한다) 등 성형수술(성형
수술로 인한 후유증 치료, 선천성 기형의 재건수술과 종양 제거에 따
른 재건수술은 면세한다)과 악안면 교정술(치아교정치료가 선행되는
악안면 교정술은 면세한다)

② 색소모반·주근깨·흑색점·기미 치료술, 여드름 치료술, 제모술, 탈모
치료술, 모발이식술, 문신술 및 문신제거술, 피어싱, 지방융해술, 피부
재생술, 피부미백술, 항노화치료술 및 모공축소술

외국인 관광객 미용성형 의료용역에 대한 부가가치세 환급 특례

◎ 외국인관광객 미용성형 의료용역에 대한 부가가치세 환급 특례(조세특례제한법 제107조의 3) - 2025.12.31.까지 적용

① 대통령령으로 정하는 외국인관광객(이하 "외국인관광객")이 「의료 해외진출 및 외국인환자 유치 지원에 관한 법률」 제6조 제1항에 따라 보건복지부장관에게 등록한 의료기관(이하 "특례적용의료기관")에서 2025년 12월 31일까지 공급받은 대통령령으로 정하는 의료용역(이하 "환급대상 의료용역")에 대해서는 대통령령으로 정하는 바에 따라 해당 환급대상 의료용역에 대한 부가가치세액을 환급할 수 있다.

② 특례적용의료기관의 사업자는 외국인관광객에게 환급대상 의료용역을 공급한 때에 기획재정부령으로 정하는 의료용역공급확인서(이하 "의료용역공급확인서")를 해당 외국인관광객에게 교부하고, 외국인관광객이 부담한 부가가치세액을 환급하는 사업을 영위하는 자(이하 "환급창구운영사업자")에게 정보통신망을 이용하여 전자적 방식으로 전송하여야 한다.

③ 제1항에 따라 환급을 받으려는 외국인관광객은 환급대상 의료용역을 공급받은 날부터 3개월 이내에 환급창구운영사업자에게 해당 의료용역공급확인서를 제출하여야 한다.

병·의원의 종합소득세 신고의무

종합소득세 신고의무

병원장

→ 매년 5월/6월 종합소득세 신고

국세청
ational Tax Service

① 부가가치세 면세사업자인 병·의원업을 운영하는 사업자는 매년 2월10일까지 하는 사업장현황신고를 기준으로 직전 연도의 사업소득에 대한 종합소득세를 매년 5.1.~5.31.(성실신고사업자는 6.30.) 사이에 신고·납부해야 한다.

② 기한 내 신고하지 않을 경우 무신고가산세와 납부지연가산세를 추가로 부과할 수 있다.

③ 성실신고확인대상이 아닌 사업자가 착오로 6월 말까지 제출한 신고서는 기한 후 신고이다(징세과-1037, 2012.9.27.).

사업장현황신고

부가가치세가 면세되는 개인사업자인 병·의원, 치과, 한의원, 동물병원 등 의료업자 및 약사업자는 직전 연도 연간 수입금액 및 사업장현황을 사업장 관할 세무서에 신고하여야 한다. 국세청으로부터 사업장현황신고안내문을 받으면 본인이 면세대상자인지를 직접 확인해야 한다. 면세대상자가 아니면 사업장현황신고를 할 필요는 없다. 면세대상자인 경우에는 당연히 사업장현황신고를 해야 한다. 사업장현황신고의 신고기한은 익년도 1월 1일부터 2월 10일 사이에 사업장 소재지 관할 세무서에 신고하면 된다.

병원·의원의 총수입금액 계산은 어떻게 하나요?

◎ 의료수익의 귀속시기는?

의료보건용역의 수입시기는 소득세법 시행령 제48조 제8호에 규정된 "인적용역의 수입시기"를 적용한다. 즉, 의료보건용역의 수입시기는 용역대가를 지급받기로 한 날 또는 용역의 제공을 완료한 날 중 빠른 날이다(서일46011-10444, 2003.4.8.).

◎ 병·의원의 수입금액 구성

병·의원의 일반적인 총수입금액의 구성은 다음과 같다.

건강보험수입 + 의료급여수입 + 자동차, 산재의료수입+ 비보험수입+판매장려금 등

◎ 병·의원의 총수입금액 계산

병·의원의 총수입금액은 해당 연도 1.1.~12.31.의 다음 수입금액을 합한 금액이다.

구분		보험수입 지급기관	비고
건강보험수입		국민건강보험 공단	① 의료보험가입자의 보험급여대상 의료비에 대한 수입금액으로 공단부담금과 본인부담금의 합계액으로 구성됨 (공단에서 대가지급 시 3.3% 원천징수 후 국세청에 통보하므로 수입금액 100% 세무서에 노출됨) ② 원천징수 금액은 종합소득세 신고 시 기납부세액으로 공제
비보험수입			국민건강보험 미가입자나 보험료 미납자 또는 건강보험 비급여항목의 진료 환자 등으로부터 받는 수입(세무서 통보 안됨)
기타수입	의료급여수입	지방자치단체	국민기초생활보장법에 의한 수급자 등에게 지방자치단체가 대신 지급하는 금액
	자동차보험수입	손해보험회사	자동차사고 환자에 대하여 손해보험회사들로부터 지급받는 진료수입 (보험사에서 3.3% 원천징수 후 대가지급)
	산재의료수입	근로복지공단	산재보험을 관장하는 근로복지공단에서 진료비를 지급
	제약회사가 지급하는 판매장려금		제약회사 등 거래상대방으로부터 받은 판매장려금도 수익(영업외수익)에 포함
	수탁 검사료		다른 병원·의원에서 의뢰를 받은 검사로 발생하는 수수료
	진단서 발급수수료		환자에게 진단서를 발급해 주면서 발생하는 수수료

◎ 수입금액 관리

실무상 병·의원 수입금액 관리는 다음과 같은 표를 작성하여 활용하면 수입금액 누락을 예방할 수 있다.

진료 월일	보험수입				비보험수입			원천징수	
	건강 보험	의료 급여	자동차 보험	산재 보험	신용 카드	현금 영수증	현금	소득세	지방 소득세

1년에 한번 씩 하는 사업장현황신고 시 신고할 수입금액은 얼마일까?

　A원장의 2024년의 매출자료는 다음과 같다. 2025년 2월에 해야 하는 사업장현황신고를 할 때 신고할 수입금액은 얼마일까?

보험공단 청구일자	공단청구금액	입금일자	입금 받은 금액
8월 31일	15백만원	9월 25일	14백만원
9월 30일	2천만원	10월 25일	18백만원
10월 31일	2천만원	11월 25일	2천만원
11월 30일	18백만원	12월 26일	16백만원
12월 31일	3천만원	2025년 1월 25일 예정	–
합계	103백만원		68백만원

　A원장의 경우 2025년 2월에 해야 하는 사업장현황신고를 할 때 신고할 2024년 수입금액은 103백만원이 아닌 98백만원(=68백만원+3천만원)이다. 왜냐하면 인적용역을 제공한 경우 사업소득의 수입시기는 용역 대가를 지급받기로 한 날 또는 용역의 제공을 완료한 날 중 빠른 날이기 때문이다(소득세법 시행령 제48조 제8호).

A원장의 2025년의 매출자료는 다음과 같다. 2026년 2월에 해야 하는 사업장현황신고를 할 때 신고할 수입금액은 얼마일까? 2024년 12월 청구 분 3천만원 중 2025년 1월 25일에 2천만원만 입금됐다. 2026년 2월에 해야 하는 사업장현황신고를 할 때 신고할 2025년 수입금액은 얼마일까? 1억원일까? 2025년 수입금액은 1억원에서 1천만원(=3천만원-2천만원)을 차감한 9천만원이다.

보험공단 청구일자	공단청구금액	입금일자	입금 받은 금액
1월 31일	2천만원	2월 25일	2천만원
2월 28일	2천만원	3월 25일	2천만원
3월 31일	2천만원	4월 25일	2천만원
4월 30일	2천만원	5월 25일	2천만원
5월 31일	2천만원	6월 25일	2천만원
합계	1억원		1억원

왜 그럴까? 왜냐하면 의료업을 경영하는 거주자가 사업소득에 대한 총수입금액으로 신고한 금액 중 「국민건강보험법」 제52조에 따라 환수되는 금액은 그 환수가 확정되는 날이 속하는 과세기간의 총수입금액에서 차감해야 하기 때문이다(소득-203, 2010.2.8.).

A원장은 최근 배우자가 진료비를 공짜로 해달라고 하는데 어떡해야 할 지 고민이다. 진료를 무상으로 안 해 주면 저녁에 퇴근하고 집에 가서 저녁밥도 못 얻어먹을 수 있기 때문이다. 그래서 저녁밥도 먹고 가정의 행복을 지키기 위해 배우자의 진료비를 무상으로 했다. 무상 진료이니까 총수입금액에 산입하지 않았다. 그래도 괜찮을까?

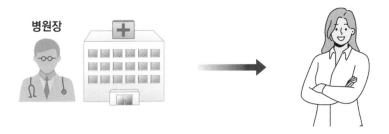

배우자는 소득세법상 특수관계인이기 때문에 무상으로 진료를 제공할 경우에는 시가를 병원의 총수입금액에 가산해야 하고 저가로 진료를 제공할 경우에는 시가와 대가와의 차이를 총수입금액에 가산해야 한다.

◎ 한의원에서 특수관계자 및 지인에게 무상 지급한 탕재를 부당행위계산 부인 및 총수입금액계산특례에 따라 총수입금액에 산입하여 과세한 처분 - 정당

「소득세법」 제25조 【총수입금액계산의 특례】 제2항에는 거주자가 재고자산을 가사용으로 소비하거나 이를 종업원 또는 타인에게 지급한 경우에도 이를 소비 또는 지급한 때의 가액에 상당하는 금액은 그 날이 속하는 연도의 사업소득금액 계산에 있어서 이를 총수입금액에 산입한다고 규정하고 있고, 「소득세법」 제41조의 【부당행위계산】 규정은 특수관계 있는 자간 비정상적인 거래, 사회통념 내지 상관습에 반하는 행위를 통한 조세부담의 회피를 방지하기 위하여 거주자의 행위 또는 계산이 그 거주자와 특수관계 있는 자와의 거래로 인하여 당해 소득에 대한 조세의 부담을 부당하게 감소시킨 것으로 인정되는 때에는 그 거주자의 행위 또는 계산에 관계없이 당해연도의 소득금액을 계산할 수 있도록 규정하고 있는 바, 한의원이 진료행위를 위하여 보유하고 있는 탕재는 재고자산에 해당하고, 기능성 화장품에 대해 재고자산으로 계상한 점, 특수관계 있는 자 등에게 무상으로 탕재를 제공하고 비용으로 계상한 점 등으로 보아 처분청이 부당행위계산 부인 규정 및 총수입금액계산특례 규정에 의거하여 과세한 처분은 잘못이 없다고 판단되나, 한의원의 특성상 환자에게 공급한 진료 가액과 탕재의 매입금액은 확인되나 탕재의 판매가격은 구분되지 아니하므로 탕재의 매입금액에 그 이윤 상당액을 포함한 금액을 총수입금액에 산입하거나 당해연도의 소득금액 계산시 탕재를 제공한 대가로 보는 것이 타당하다고 할 것이다. 따라서 청구인의 특수관계자 및 지인 등에게 무상으로 진료하고 탕재를 제공한 대가 중 탕재 매입금액에 국세청장이 정한 한약 소매업(523114)의 매매총이익률을 적용하여 환산한 가액을 부당행위계산 부인에 따른 탕재의 시가 및 총수입금액계산특례에 따른 총수입금액에 산입할 금액으로 함이 타당하다고 판단된다.

A원장은 최근 직원들이 병원 복지 차원에서 직원들의 본인부담금을 할인해달라는 요구를 받았다. 직원들은 "다른 병원들도 직원들의 본인부담금을 대폭 할인해준다고 하면서 연봉도 많이 안 주는 우리 병원도 최소한 그 정도는 해 줘야 되는 것 아니냐?"고 지속적으로 주장했다. A원장은 본인부담금을 대폭 할인해달라는 직원들의 요구에 어떻게 대답해야 할지 고민이다. 직원들이 1년 이상 근무하면서 실력도 좋아져서 만약 복지가 부족하다면서 다른 병원으로 간다고 할까 봐 머리가 복잡하다. 개인사업자인 A원장이 직원들의 본인부담금을 할인해 줄 경우 총 수입금액에서 차감해도 되는지 몰라서 세무사에게 상담을 받았다.

"원장: 어떻게 해야 하나요?

"세무사: 할인된 금액이 아닌 정상 금액을 수입금액으로 신고해야 합니다. 그리고 할인된 금액은 병원 직원의 급여에 포함시켜야 합니다. 사회 통념상 인정될 수 있는 금액일 경우에는 직원의 복리후생비로 처리할 수도 있습니다."

"원장: 이번에 개원하는데 신규 환자를 유치해야 합니다. 그래서 진료비를 정상가보다 30% 할인할 예정입니다. 이 경우에도 정상 금액을 수입금액으로 해야 하나요?

"세무사: 아닙니다. 불특정 환자들에게 하는 경우에는 할인된 금액을 매출로 신고하면 됩니다"

◎ 의료업을 영위하는 법인이 환자들에게 의료용역을 제공함에 있어 자체규정 또는 사전약정에 의하여 의료보험 본인부담금을 경감하여 주는 경우로서, ① 당해 의료법인의 임직원 가족으로 등록된 환자에 대하여는 본인부담금의 20%를 감면하도록 제정된 자체규정에 의하여 감면하는 경우와 ② 의료수입확대를 위하여 사전약정에 따라 특정거래처 소속 임직원에 대하여 본인부담금의 20%를 경감하여 주는 경우 어떻게 처리해야 할까?

과세관청의 회신내용은 다음과 같다.

① 의료업을 영위하는 법인이 임직원가족에게 의료용역을 제공하고 의료보험 본인부담금의 일부를 경감함으로써 당해 법인에 귀속될 익금의 금액이 과소 계상된 경우에는 그 경감금액을 동 법인의 익금에 산입하고 이를 당해 임직원에 대한 근로소득으로 보는 것이며,

② 또한, 동일 조건하의 거래처 중 특정거래처 임직원에 대하여만 본인부담의료비의 일부를 경감하여 준 경우에도 그 경감금액을 당해 법인의 익금에 산입하고 이를 접대비로 보는 것이나, 귀 질의의 경우가 접대비에 해당하는지는 당해 의료비를 경감하여 준 경위 등을 감안하여 실질내용에 의하여 판단하는 것이다(제도 46012-12681, 2001.8.16.).

"원장: 저희 병원 매출에 오랫동안 많이 기여하시는 단골 환자분이 있습니다. 그래서 진료비를 정상가보다 30% 할인할 예정입니다.

"세무사: 특정 고객과의 거래 유지를 위한 경우에는 접대비로 처리하면 될 것 같습니다. 단, 접대비에는 한도가 있습니다.

◎ 접대비 등의 구분 (소득세법 집행기준 35-83-4)

사업을 위하여 지출한 비용으로서 접대비, 광고선전비 또는 판매부수 비용은 다음과 같이 구분한다.

1. 지출의 상대방이 사업에 관계있는 자들이고 지출의 목적이 접대 등의 행위에 의하여 사업관계자들과의 사이에 친목을 두텁게 하여 거래관계의 원활한 진행을 도모하는데 지출한 비용은 접대비에 해당하며, 지출의 상대방이 불특정 다수인이고 지출의 목적이 구매의욕을 자극하는데 지출한 비용은 광고선전비에 해당한다.

2. 특수관계인 외의 자에게 지급하는 판매장려금·판매수당 또는 할인액 등으로서 건전한 사회통념과 상관행에 비추어 정상적인 거래라고 인정될 수 있는 범위의 금액으로서 판매와 직접 관련된 경비는 판매부대비용에 해당한다.

3. 자동차판매 대리업자가 판매촉진을 위하여 자동차를 구입하는 불특정고객에게 회사의 상호, 전화번호 등이 인쇄된 자동차관련 악세사리 및 소모품 등을 무상으로 제공하는 경우 그 사은품 등은 해당 사업자의 광고선전비에 해당하며, 자동차회사와 사전약정에 의해 자동차판매를 대리하고 그 실적에 따라 수수료를 받는 경우 당초 약정한 판매가보다 할인하여 판매하고 그 차액을 수입할 판매수수료에서 부담하는 경우에 그 할인액은 접대비로 본다.

4. 고객유치를 위해 자신의 업소를 찾는 고속버스와 관광버스의 운전기사에게 음식물과 선물 등을 제공하는 경우에 해당 비용은 접대비에 해당한다.

5. 증권투자상담사가 고객과의 손실보상계약에 의하여 지급하는 손실
   보상금은 필요경비 산입하는 것이나 손실보상의무가 없는 경우 지
   급한 손실보상금은 접대비에 해당한다.
6. 수출면장상의 금액에 대하여 수입업자의 할인 요구에 따라 할인하
   여 주는 금액은 사전약정없이 특정업체에 대한 매출채권의 일부를
   포기하는 것이므로 접대비에 해당한다.

 불쌍한 환자로부터 본인부담금을 받지 않는 경우는 어떻게 하나요?

A원장이 운영하는 병원은 투석환자를 많이 치료한다. 이러한 신장질환(만성신부전증) 환자들은 적어도 2·3일에 한번씩 피를 걸러주어야 한다. 투석 비용은 환자들에게 많은 부담이 되며 평생 피를 걸러야 하기 때문에 이러한 환자를 둔 가정은 경제적으로 궁핍해지며 결국은 가세가 기울고 망하기가 십상이다. 그리하여 이러한 환자들을 가까이에서 대하는 (의사)원장이 이들을 불쌍히 여겨 환자로부터 본인부담의료비를 받지 아니하는 경우가 허다하고 그 금액도 상당히 크다. 그러나 국민건강보험공단에 의료비를 청구할 때는 본인 부담분 난에 그냥 공란으로 비워둘 수 없어 받을 금액 상당액을 받은 것으로 기재하여 청구한다. 그러다 보니 받지도 않은 환자의 본인 부담금액이 의료수입금액으로 계상이 되어 종합소득세도 더 많이 부담하게 된다. 이는 사회적으로 볼 때 본받을만한 좋은 일을 하고도 세금은 더 많이 내는 아주 불합리한 경우가 발

생하게 된다. 계속 A원장이 운영하는 병원에 투석하러 오는 환자에게 받지 아니하는 본인부담분 의료비는 그 성질이 무엇일까? 이러한 것을 수입금액에서 제외하거나 비용으로 인정받기 위하여 갖추어야 할 증빙서류는 어떻게 갖추어야 할까?

의료업을 영위하는 거주자가 의료용역을 제공하고 당해 환자들로부터 수령할 금액 중 의료보험 본인부담분을 경감하여 줌으로써 그 지급받지 아니하는 금액은 당해 의료업자의 총수입금액에 산입하지 않는다(소득 46011-10093, 2001.2.5. ; 심사소득 2004-68, 2004.9.20.).

병·의원의 표준소득률은?

◎ 병·의원의 업종분류, 업종코드, 단순경비율 및 기준경비율

업종의 분류는 세법에 특별한 규정이 있는 경우를 제외하고는 통계청장이 고시하는 한국표준산업분류에 의한다. 국세청에 의하면 인적용역업(중분류)의 업종분류와 업종코드는 39개가 있다. 그 중 병·의원의 업종분류와 업종코드 및 단순경비율과 기준경비율은 다음과 같다.

(단위: %)

코드	세세분류	범위	단순경비율 (일반율)	기준경비율 (일반율)
851101	요양병원	30인 이상의 입원시설을 갖추고 의사 또는 한의사가 노인성 질환자, 만성 질환자, 외과 수술 또는	78.6	19

코드	세세분류	범위	단순경비율 (일반율)	기준경비율 (일반율)
		상해 후 회복을 위한 환자 등 주로 장기 입원이 필요한 환자를 대상으로 진료 행위를 하는 의료기관을 말한다. 진료 및 요양을 위한 정신병원(50인 이상 병상 보유)과 일반병원 요건을 갖춘 장애인 의료 재활시설도 포함한다. 〈예시〉 요양병원·정신병원·병원급 장애인 의료 재활시설		
851102	치과병원	입원시설을 갖추고 치과의사가 입원환자 위주로 진료행위를 하는 의료기관을 말한다.	63.6	21.5
851103	한방병원	30인 이상의 입원시설을 갖추고 한의사가 입원환자 위주로 진료행위를 하는 의료기관을 말한다.	67.5	23.4
851201	일반의원	일반과, 내과, 소아과 전문의 또는 일반 의사가 외래환자 위주로 진료 행위를 하는 의료기관을 말한다. 이 진료기관은 일정 규모 이하의 입원시설을 갖춘 경우도 있다.	70.5	27.9
851202	일반의원	일반외과, 정형외과, 항문과, 신경외과 전문의 또는 일반 의사가 외래환자 위주로 진료 행위를 하는 의료기관을 말한다. 이 진료기관은 일정 규모 이하의 입원시설을 갖춘 경우도 있다.	74.8	27.5
851203	일반의원	신경과, 정신과, 신경정신과 전문의 또는 일반 의사가 외래환자 위주로 진료 행위를 하는 의료기관을 말한다. 이 진료기관은 일정 규모 이하의 입원시설을 갖춘 경우도 있다.	73.9	27
851204	일반의원	피부과, 비뇨기과 전문의 또는 일반 의사가 외래환자 위주로 진료	68.3	25.9

코드	세세분류	범위	단순경비율 (일반율)	기준경비율 (일반율)
		행위를 하는 의료기관을 말한다. 이 진료기관은 일정 규모 이하의 입원시설을 갖춘 경우도 있다.		
851205	일반의원	안과 전문의 또는 일반 의사가 외 래환자 위주로 진료 행위를 하는 의료기관을 말한다. 이 진료기관 은 일정 규모 이하의 입원시설을 갖춘 경우도 있다.	69.5	28.7
851206	일반의원	이비인후과 전문의 또는 일반 의 사가 외래환자 위주로 진료 행위 를 하는 의료기관을 말한다. 이 진 료기관은 일정 규모 이하의 입원 시설을 갖춘 경우도 있다.	73.1	31
851207	일반의원	산부인과 전문의 또는 일반 의사 가 외래환자 위주로 진료 행위를 하는 의료기관을 말한다. 이 진료 기관은 일정 규모 이하의 입원시 설을 갖춘 경우도 있다.	65	22.8
851208	방사선 진단 및 병리 검사 의원	의료 검사 및 진단 촬영을 포함한 진단 서비스를 제공하는 의료기관 을 말한다. 〈예시〉 엑스레이 촬영 의원·의료 　　　검사 의원 〈제외〉 미생물 성분 분석(742203) 　　*세균검사(→851905) 　　*기타 병리실험 서비스(→851909)	71.1	29.1
851209	일반의원	성형외과 전문의 또는 일반 의사 가 외래환자 위주로 진료 행위를 하는 의료기관을 말한다. 이 진료 기관은 일정 규모 이하의 입원시 설을 갖춘 경우도 있다.	42.7	16.1
851211	치과의원	치과의사가 외래환자 위주로 진료 행위를 하는 의료기관을 말한다. 〈제외〉 치과 병원(851102)	61.7	17.2

코드	세세분류	범위	단순경비율 (일반율)	기준경비율 (일반율)
851212	한의원	한의사가 외래환자 위주로 진료행위를 하는 의료기관을 말한다. 〈제외〉 한방병원(851103)	56.6	18.9
851219	일반의원	마취과, 결핵과, 가정의학과, 재활의학과 등 달리 분류되지 않은 병과 전문의 또는 일반 의사가 외래환자 위주로 진료 행위를 하는 의료기관을 말한다. 이 진료기관은 일정 규모 이하의 입원시설을 갖춘 경우도 있다.	67.1	15
851901	그 외 기타 보건업	조산소, 조산원(독립된 간호사 포함)	75.2	15

병·의원의 업종분류와 업종코드 및 단순경비율과 기준경비율은 다음과 같다.

표준소득률은 다음과 같이 계산한다.

표준소득률 = 1- 병원의 종류별 단순경비율

코드	범위	단순경비율 (일반율)	표준소득률 (100%)	표준소득률 (80%)
851101	요양병원·정신병원·병원급 장애인 의료 재활시설	78.6	21.4	17.12
851102	입원시설을 갖추고 치과의사가 입원환자 위주로 진료행위를 하는 의료기관을 말한다.	63.6	36.4	29.12
851103	30인 이상의 입원시설을 갖추고 한의사가 입원환자 위주로 진료 행위를 하는 의료기관을 말한다.	67.5	32.5	26
851201	일반과, 내과, 소아과	70.5	29.5	23.6

코드	범위	단순경비율 (일반율)	표준소득률 (100%)	표준소득률 (80%)
851202	일반외과, 정형외과, 항문과, 신경외과	74.8	25.2	20.16
851203	신경과, 정신과, 신경정신과	73.9	26.1	20.88
851204	피부과, 비뇨기과	68.3	31.7	25.36
851205	안과	69.5	30.5	24.4
851206	이비인후과	73.1	26.9	21.52
851207	산부인과	65	35	28
851208	엑스레이 촬영 의원·의료 검사 의원	71.1	28.9	23.12
851209	성형외과	42.7	57.3	45.84
851211	치과의사가 외래환자 위주로 진료 행위를 하는 의료기관을 말한다.	61.7	38.3	30.64
851212	한의사가 외래환자 위주로 진료 행위를 하는 의료기관을 말한다.	56.6	43.4	34.72
851219	마취과, 결핵과, 가정의학과, 재활 의학과 등	67.1	32.9	26.32
851901	조산소, 조산원(독립된 간호사 포함)	75.2	24.8	19.84

① 개원하고 3년이 경과한 뒤에는 신고 소득률은 표준소득률의 80% 이상이 되도록 해야 한다. 그렇지 않을 경우 과세관청이 불성실한 신고로 판단해서 사후 검증이나 세무조사의 가능성이 높아진다. 예를 들면, 안과의 경우 표준소득률 30.5%의 80%인 24.4% 이상으로 소득률을 신고해야 한다.

> 66 병과별 표준소득률에 맞게 신고소득률을 안정적으로 관리하여 세무조사가능성을 낮추는 것이 절세의 핵심 99

② 개인이 운영하는 병·의원의 매출액이 10억원 이상인 경우 신고 소득률은 표준소득률의 80% 이상이 되도록 해야 한다. 그렇지 않을 경우 과세관청이 불성실한 신고로 판단해서 사후 검증이나 세무조사의

가능성이 높아진다. 예를 들면, 이비인후과의 경우 표준소득률 26.9% 의 80%인 21.52% 이상으로 소득률을 신고해야 한다.

◎ 수입금액을 5억원으로 가정할 경우 병과별 조세 부담률은 어디가 높을까?

1위는 성형외과로서 총수입의 17.7%를 세금으로 납부하고 있다. 2위 는 한의원이 12.4%, 3위는 치과의원으로 10.5%를 세금으로 납부한다 (기본공제 1.5백만원 가정).

병과	조세 부담률	순위
성형외과	17.67%	1
한의원	12.39%	2
치과의원	10.45%	3
산부인과	9.2%	4
피부과, 비뇨기과	7.94%	5
안과	7.49%	6
내과	7.13%	7
방사선과	6.92%	8
이비인후과	6.22%	9
신경정신과	5.94%	10

병·의원의 병과별 주요경비율

◎ 병·의원의 병과별 주요경비율은 다음과 같다.

피부과·비뇨기과의 주요 경비율은 42.4%, 안과 40.8%, 성형외과 26.6%, 치과 44.5%, 한의원 37.7%, 내과 42.6%, 정형외과는 47.3%, 이비인후과 42.1%이다.

" 주요경비율이 성실신고한 다른 병·의원 대비 높을 경우
세무조사대상으로 선정될 가능성이 높아진다. "

코드	범위	단순경비율 (일반율)	기준경비율 (일반율)	주요 경비율
851101	요양병원·정신병원·병원급 장애인 의료 재활시설	78.6	19	59.6
851102	입원시설을 갖추고 치과의사가 입원환자 위주로 진료행위를 하는 의료기관을 말한다.	63.6	21.5	42.1
851103	30인 이상의 입원시설을 갖추고 한의사가 입원환자 위주로 진료행위를 하는 의료기관을 말한다.	67.5	23.4	44.1
851201	일반과, 내과, 소아과	70.5	27.9	42.6
851202	일반외과, 정형외과, 항문과, 신경외과	74.8	27.5	47.3
851203	신경과, 정신과, 신경정신과	73.9	27	46.9
851204	피부과, 비뇨기과	68.3	25.9	42.4
851205	안과	69.5	28.7	40.8
851206	이비인후과	73.1	31	42.1
851207	산부인과	65	22.8	42.2

코드	범위	단순경비율 (일반율)	기준경비율 (일반율)	주요 경비율
851208	엑스레이 촬영 의원·의료 검사 의원	71.1	29.1	42
851209	성형외과	42.7	16.1	26.6
851211	치과의사가 외래환자 위주로 진료 행위를 하는 의료기관을 말한다.	61.7	17.2	44.5
851212	한의사가 외래환자 위주로 진료 행위를 하는 의료기관을 말한다.	56.6	18.9	37.7
851219	마취과, 결핵과, 가정의학과, 재활의학과 등	67.1	15	52.1
851901	조산소, 조산원(독립된 간호사 포함)	75.2	15	60.2

병·의원의 주요경비는 재료비, 인건비, 임차료를 말한다. 주요경비는 반드시 사업용 계좌에서 이체되어야 하는 경비이다.

주요경비는 사업관련 경비로서 소득세법 제160조의 2 제2항에 규정하는 정규증빙(계산서, 세금계산서, 신용카드, 현금영수증)을 수취할 경우에만 경비가 인정된다.

구 분	내용	증빙서류
매입비용 (재료비)	재화(상품·제품·원료·소모품 등 유체물과 동력·열 등 관리할 수 있는 자연력)의 매입과 외주가공비	세금계산서, 계산서, 신용카드매출전표 (현금영수증 포함) 등 정규 증명서류
임차료	사업에 직접 사용하는 건축물, 기계장치 등 사업용 고정자산의 임차료	
인건비	• 급여·임금·퇴직급여에 대한 원천징수영수증·지급명세서를 관할 세무서에 제출한 금액 • 원천징수영수증·지급명세서를 제출할 수 없는 경우에는 지급관련 증빙서류를 비치·보관하고 있는 금액	

인건비는 근로의 제공으로 인하여 지급하는 봉급, 급료, 보수, 세비, 임금, 상여금, 수당과 유사한 성질의 급여로 한다(비과세분 포함). 사용자로서 부담하는 고용보험료, 국민연금보험료, 산재보험료 등과 종업원에게 제공한 식사, 피복 등 복리후생비는 인건비에서 제외한다. 다음과 같은 비용은 매입비용에 포함되지 않는 용역으로 국세청은 예시하고 있다.

① 음식료 및 숙박료

② 창고료(보관료), 통신비

③ 보험료, 수수료, 광고선전비(광고선전용 재화의 매입은 매입비용으로 함)

④ 수선비(수선·수리용 재화의 매입은 매입비용으로 함)

⑤ 사업서비스, 교육서비스, 개인서비스, 보건서비스 및 기타 서비스(용역)를 제공받고 지급하는 금액 등

⑥ 기부금 등 사업과 직접 관련 없는 지출금액(서면1팀-1059, 2005.9.6.)

주요 병과별 특징은?

주요 병과별 특징은?

주로 의료 면세사업자이지만 미백이나 교정과 같은 일부 비급여 항목은 과세대상이다.

① 표준소득률이 38.3%이고 조세 부담률은 10.6%이다.

② 주요 경비율은 44.5%이다.

③ 해당 연도 수입금액이 5억원 이상일 경우 성실신고 확인대상자이다.

④ 현금영수증 의무발급대상자이다.

⑤ 사업자등록을 한 치과기공사가 제공하는 용역에 대해서 계산서를 받아야 한다.

⑥ 교정, 임플란트 등 장기적인 치료로 진료비를 수회에 걸쳐 타인명의로 송금 받아 누락하는 경향이 있다.

⑦ 치과재료상, 치과기공소로부터 매입자료를 누락하고 대응 수입금액을 누락하는 경향이 있다.

⑧ 비 보험 신용카드금액을 보험급여로 처리하고 누락하는 경향이 있다.

⑨ 미수령 보험금을 누락하는 경향이 있다.

⑩ 차명계좌 거래내역을 확보하여 사업장에 비치된 진료차트 및 신고내역과 대사하여 수입금액 신고누락 적출하고 탈루 된 소득세 추

징하는 경우가 있다.

⑪ 치과에서는 치과 장비 등 고가의 의료기기를 많이 사용한다. 이러한 장비들의 구입, 감가상각, 리스 등에 대한 세무 처리가 매우 중요하다. 예를 들어 1억원 상당의 레이저 장비를 구입했다면 이를 몇 년에 걸쳐 감가상각할 지 혹은 일시 비용 처리할지에 따라 해당 연도의 세금이 크게 달라질 수 있다. 1억원짜리 레이저 장비를 5년에 걸쳐 정액법으로 상각할 지 정률법으로 상각할 지에 따라 매년 납부해야 하는 세금이 크게 달라질 수 있다.

⑫ 치과는 미용 시술 등으로 인해 상대적으로 다른 병과 대비 세무조사의 빈도가 높은 업종이다. 실제로 많은 치과가 정기적으로 조사를 받고 있다. 세무조사에 대비하기 위해서는 평소에 철저한 장부 관리와 적절한 세무 전략이 필요하다. 업종별 표준소득률 범위를 맞춰 세무조사 위험성을 낮추어야 한다.

🔍 피부과

미용시술 어디까지 의료이고 어디부터 과세대상일까? 피부과는 다른 의료 분야와는 다른 세무적 특수성을 가지고 있다.

① 표준소득률이 31.7%이고 조세 부담률은 8.1%이다.

② 주요경비율은 42.4%이다.

③ 해당 연도 수입금액이 5억원 이상일 경우 성실신고 확인대상자이다.

④ 현금영수증 의무발급대상자이다.

⑤ 대통령령으로 정하는 외국인관광객(이하 "외국인관광객")이 「의료 해

외진출 및 외국인환자 유치 지원에 관한 법률」 제6조 제1항에 따라 보건복지부장관에게 등록한 의료기관(이하 "특례적용의료기관")에서 2025년 12월 31일까지 공급받은 **대통령령으로 정하는 의료용역**(이하 "환급대상 의료용역")에 대해서는 대통령령으로 정하는 바에 따라 해당 환급대상 의료용역에 대한 부가가치세액을 환급할 수 있다.

⑥ 마취제 구입량 조작 및 마취과의사 초빙 기록 삭제로 대응 수입금액 누락하는 경향이 있다.

⑦ 미용화장품 판매 수입금액을 누락하는 경향이 있다.

⑧ 비 보험 의료수입을 차명의 계좌로 입금하고 누락하는 경향이 있다.

⑨ 피부·탈모수술 및 피부관리 현금매출을 누락하는 경향이 있다.

⑩ 피부과는 일반 진료뿐만 아니라 미용 시술, 화장품 판매 등 다양한 수입원을 가지고 있다. 이러한 복잡한 수입 구조는 세금 신고 시 주의가 필요하다. 예를 들어, 의료 행위에 대한 수입은 부가가치세가 면제되지만 화장품 판매 수입은 부가가치세 과세대상이다. 미용 목적, 쌍꺼풀, 코 성형, 주름살 제거 등은 10% 부가가치세가 적용되지만 치료 목적의 시술은 면제 대상이다. 여드름 치료를 위한 레이저 시술과 단순 피부관리를 위한 레이저 시술은 세법상 다르게 취급될 수 있으므로 조심해야 한다.

⑪ 피부과에서는 레이저 장비 등 고가의 의료기기를 많이 사용한다. 이러한 장비들의 구입, 감가상각, 리스 등에 대한 세무 처리가 매우 중요하다. 예를 들어 1억원 상당의 레이저 장비를 구입했다면 이를 몇 년에 걸쳐 감가상각할 지 혹은 일시 비용 처리할지에 따라 해당 연도의 세금이 크게 달라질 수 있다. 1억원짜리 레이저 장비

를 5년에 걸쳐 정액법으로 상각할 지 정률법으로 상각할 지에 따라 매년 납부해야 하는 세금이 크게 달라질 수 있다.

⑫ 보톡스와 필러 등 치료재료의 구입시기와 수량을 조절하는 것도 중요한 절세 전략 중의 하나이다.

⑬ 피부과는 미용 시술 등으로 인해 상대적으로 다른 병과 대비 세무조사의 빈도가 높은 업종이다. 실제로 많은 피부과가 정기적으로 조사를 받고 있다. 세무조사에 대비하기 위해서는 평소에 철저한 장부 관리와 적절한 세무 전략이 필요하다. 업종별 표준소득률 범위를 맞춰 세무조사 위험성을 낮추어야 한다.

⑭ 피부과 의사가 병원 내에 피부관리실을 설치한 경우에는 부가가치세법상 겸영 사업자로서 과세사업자로 사업자등록을 해야 한다. 혹은, 피부관리사 명의로 별도의 과세사업자 등록을 해야 한다.

🔍 한의원

① 표준소득률이 43.4%이고 조세 부담률은 12.5%이다.

② 주요경비율은 37.7%이다.

③ 해당 연도 수입금액이 5억원 이상일 경우 성실신고 확인대상자이다

④ 현금영수증 의무발급대상자이다.

⑤ 원거리 환자(택배이용) 현금수입을 누락하는 경향이 있다.

⑥ 녹용 등 한약재료를 무자료로 구입하여 수입금액을 누락하는 경향이 있다.

⑦ 자체개발한 어린이 성장크리닉인 성장탕 매출을 누락하는 경향이

있다.

⑧ 자체개발한 편강탕(천식, 비염치료) 매출을 누락하는 경향이 있다.

⑨ 봉침술 및 당귀수산(자체개발) 매출을 누락하는 경향이 있다.

⑩ 과세관청은 한약재 구입 및 사용량을 통해서 수입금액을 추정해서 소득금액 탈루 여부를 확인하는 경향이 있다.

🔍 안과

안과는 보험수입이 수입의 상당 부분을 차지한다.

① 표준소득률이 30.5%이고 조세 부담률은 7.6%이다.

② 주요경비율은 40.8%이다.

③ 해당 연도 수입금액이 5억원 이상일 경우 성실신고 확인대상자이다.

④ 현금영수증 의무발급대상자이다.

⑤ 라식수술 건당 금액을 조작하여 수입금액을 과소 신고하는 경향이 있다.

⑥ 백내장 수술 시·초음파 검사비를 누락하는 경향이 있다.

⑦ 렌즈 판매금액을 누락하는 경향이 있다.

🔍 성형외과

성형외과는 대표적으로 과세관청의 세무조사 표적이 되는 병과이다.

① 표준소득률이 57.3%이고 조세 부담률은 17.8%이다.

② 주요경비율은 26.6%이다.

③ 해당 연도 수입금액이 5억원 이상일 경우 성실신고 확인대상자이다.

④ 현금영수증 의무발급대상자이다.

⑤ 마취제, 보톡스 구입량 및 투입량을 누락하여 수입금액을 과소 신고

⑥ 실리콘, 콜라겐 등 주요 소모품을 무자료로 구입하여 수입금액 축소 및 누락

⑦ 연예인, 유학생 및 외국인에 대한 현금수입을 누락하는 경향이 있다.

⑧ 고용의사를 고의로 누락하여 수입금액을 누락하는 경향이 있다.

⑨ 성형부위별 단가를 동일하게 기장하여 수입금액을 누락하는 경향이 있다.

병·의원의 필요경비 관리는?

◎ 원재료(의약품)

의료업의 원재료는 주로 의약품이나, 의약분업 이후 의약품 원가비율이 상당히 낮아졌으므로 의약품 비율이 과다할 경우 가공원가계상 혐의추정을 받을 수 있으므로 주의가 필요하다.

◎ 의약품의 폐기나 감모손실

사용하고 남은 의약품은 제약회사에 반품이 되지 않아 유효기간 등이

지나는 경우가 있으며, 이 경우 재고자산 폐기손실을 필요경비로 인정받기 위해서는 객관적인 입증서류가 필요하다. 예를 들어, 사진촬영 및 폐기물 목록 비치 등을 하는 것을 생각해 볼 필요가 있다.

◎ 인건비 관리

(1) 인건비 신고

사업상 지출된 페이닥터 및 간호사, 간호조무사 등에 대한 인건비(사업소득, 근로소득, 기타소득, 일용근로소득)에 대해 지급시점의 다음 달 10일까지 원천징수이행상황 신고 및 지급명세서 제출의무가 발생한다.

병·의원에서 관행적으로 지급하는 네트급여의 경우 아래와 같은 사항에 주의하여야 한다.

---

① 네트(net)급여
세금공제 후 금액을 월 지급액에 맞추어 지급하는 방식의 급여설계로 근로자가 실제 수령 받은 금액을 '정액'으로 맞추고 이에 발생하는 제반비용(세금, 보험)을 사업주인 병원장이 전액 부담하는 방식이다.

② 연말 정산
실수령액이 고정되어 있는 네트(net)급여방식의 경우 근로자 입장에서 각종소득 세액 공제를 받고자 하는 유인이 없기에, 사업주 입장에서 환급금액을 돌려받기 어렵다. 따라서 근로계약서에 환급금액의 주체를 병원장으로 명확히 언급하는 것이 합리적이다.

③ 퇴직금 정산
퇴직금 정산은 네트(net)급여가 아닌 세전 급여액을 기준으로 지급되므로 근로기준법상 적법한 퇴직금보다 적게 지급되는 경우 임금체불 등의 문제가 발생할 수 있다.

④ **최저임금위반**

간호조무사 등의 급여에 네트제(net)를 적용하는 경우 네트(net)급여를
역산하여 보면 최저임금에 미달하는 경우 발생하여 근로기준법 위반 및 각종
정부지원금 혜택이 배제된다.

(2) 4대 보험 검토

월 60시간 이상 또는 월 8일 이상 근무자 고용 시 사업주의 국민연금,
건강보험 등 4대 보험 가입의무가 생겨 사업주 부담분 보험료 발생한다.
따라서 피고용자가 배우자 등의 피부양자로 가입되어 있는 경우 자동해
제 및 직장가입자로 변경된다.

- 4대 보험 요율 (국민연금, 건강보험, 고용보험, 산재보험), 매년 변동

구 분	사업자부담	근로자부담	비 고
① 국민연금	과세급여×4.5%	과세급여×4.5%	24년 기준
② 건강보험	과세급여×3.545%	과세급여×3.545%	
장기요양	건강보험×12.95%	건강보험×12.95%	
③ 고용보험	과세급여×0.9%+0.25%	과세급여×0.9%	
④ 산재보험	별도계산	해당 없음	

- (4대 보험 부담비율) 사업주의 경우 지급하는 **과세급여의 약 10%** 부
담하며, 인건비(근로 또는 사업소득) 비용 처리 시 세부담 및 4대 보
험 부담을 약식 비교하면 아래와 같다(세율 15% 가정).

구분	급여 2,000만원				급여 3,000만원			
	지급액	세부담 감소	4대 보험 증가	총부담	지급액	세부담 감소	4대 보험 증가	총부담
근로소득	(20)	3	(2)	(19)	(30)	4.5	(3)	(28.5)
사업소득	(20)	3	–	(17)	(30)	4.5	–	(25.5)

◎ 업무용차량 구입

1) 업무용차량 구입방법 및 경비처리 비교

구분	일반구입	리스	장기 렌탈	비고
경비처리 형태	감가상각비	감가상각비(금융) 임차료(운용)	임차료	
취등록세	취득원가	리스료에 포함	해당 없음	
재산세등	경비처리	리스료에 포함	해당 없음	
매각시	세금계산서 발행 (면세사업자는 계산서)	해당 없음	해당 없음	

2) 업무용차량 구입·유지관리비 세무상 처리방법

① 업무용승용차를 취득하거나 임차(리스) 시 감가상각(5년, 정액법), 임차료, 리스료, 유류비, 수선비 등 필요경비 산입이 가능하다.

② 감가상각비 + 임차료(리스료) 연간 800만원 한도로 필요경비 산입한다. 한도초과액은 이월한다.

③ 감가상각비 + 임차료 + 유류비, 수선비 등 연간 1,500만원 한도로 필요경비 산입한다. 업무사용여부 확인되지 않아도 1,500만원까지 공제한다.

④ 해당비용 1,500만원 초과 시 차량 운행일지 작성이 필요하다.

◎ 개업 시의 지출비용

① 개업 시에 인테리어, 비품구입, 권리금 지급 등에 대한 증빙을 확실히 갖추어 놓아야 감가상각비 등 비용으로 처리하여 절세효과가 발생한다.

② 세금계산서 수취하는 것이 좋으나 부득이 수취하지 못하였다면, 계좌입금 내역 등의 근거를 반드시 남겨 놓아야 한다.

◎ 사업상 경비 VS 개인적 경비

① 사업소득금액을 계산할 때 필요경비에 산입할 금액은 해당 연도 총수입금액에 대응하는 비용으로 일반적으로 용인되는 통상적인 것의 합계액이다.

② 개인적 경비는 다음과 같다.
직원이 없는 경우 복리후생비, 영업시간 외 지출비, 자녀 학원비, 가족 병원비, 과다한 소모품 및 소비성 지출, 주택구입 관련 이자비용 등

③ 국세청의 종합소득세 사후검증은 필요경비 신고분과 적격 증빙비 (세금계산서, 계산서, 사업용으로 등록된 신용카드·현금영수증) 수취분의 차이가 클수록 선정 가능성 높아진다.

병·의원의 비용은 어떻게 처리할까?

◎ 병·의원의 비용처리법은 다음과 같다.

❝ 거래 건강 3만원 초과 거래의 경우에는 세금계산서 등 정규 증빙을
수취하는 것이 원칙이다. ❞

❝ 병원장의 개인 카드로 의료장비를 구입했다. 비용처리가 가능할까?
가능하다. 병원장의 사업용 카드로 병원장 배우자가 사용할 컴퓨터를
구입했다. 비용처리가 가능할까? 불가능하다. ❞

◎ 국민연금

① 원장분
원장의 국민연금료는 비용처리되지 않는다. 대신 소득공제를 받을 수
있다.

② 직원분
전액 비용처리된다. 국민연금 사용자 부담금은 "세금과 공과"로 비용
처리한다.

◎ 감가상각비

① 차량, 기구, 간판, 인테리어, 의료기기, 건당 1백만원 이상의 비품
등은 유형자산으로 등록해서 4~6년간 감가상각비로 비용처리한다.

② 의료장비 등 고정자산 구입에 들어간 비용을 일정기간 동안 장부에 계상해서 비용처리한다. 1억원을 들여 병원 인테리어를 했다면 바로 비용으로 처리하지 않는다. 만약 5년 동안 감가상각한다면 1년에 2천 만원씩 감가상각비로 비용처리한다. 5년 후 병원 인테리어의 장부상 가치는 0이 된다.

③ 전년도와 금년도의 건물, 기계장치, 차량운반구 등의 가액을 기초로 감가상각비를 상각범위액 안에서 계상하였는지를 검토한다.

구분	감가상각방법
자가 건물	(1) 철골, 철골콘크리트조 건물: 40년(30년~50년) (2) 연와조, 블로조 등: 20년(15년~25년) (3) 정액법만 가능
차량	5년 정액법
영업권	5년 정액법
의료기기	5년(4~6년) 정액법 혹은 정률법 중 선택
인테리어	
1백만원 이상의 비품	

① 병·의원의 원장이 이익을 매년 균등하게 하고 싶을 경우 의료기기, 인테리어, 비품 등에 대해서 5년 정액법을 사용한다.
② 병·의원의 원장이 의료기기 등의 조기 상각을 원하는 경우 의료기기, 인테리어, 비품 등에 대해서 4년 정률법을 사용한다.

◎ 건강보험료

① 원장분: 원장의 건강보험료는 비용처리된다.
② 직원분: 전액 비용처리된다.

◎ 국민건강보험법 위반으로 부과된 과징금의 필요경비 산입여부

A원장은 개인병원을 운영하면서 국민건강보험법 제85조의 사항에 위반하여 과징금을 부과받아 이를 납부한 바가 있다. 이때, 과징금을 A원장의 사업소득금액의 계산에 있어 필요경비에 산입할 수 있을까?

거주자의 사업소득금액 계산에 있어서 사업과 관련 있는 공과금이 법령에 의하여 의무적으로 납부하는 것이 아니거나, 법령에 의한 의무의 불이행 또는 금지·제한 등의 위반에 대한 제재로서 부과되는 것인 경우에는 소득세법 제33조 제1항 규정에 의하여 필요경비로 산입할 수 없다 (서면1팀-724, 2004.6.1.).

◎ 급여(인건비)

① 임금, 상여, 시간외 수당, 휴가보상비 등 직원 급여는 전액 비용으로 인정된다.

② 병·의원에서 근무하는 배우자 급여도 전액 비용으로 인정된다. 그러나 과세관청에서는 특수관계자인 가족관련 급여의 경우 배우자가 실제 근무하는지 여부를 확인한다. 따라서 배우자가 병·의원에 출퇴근한 기록과 배우자의 업무일지, 결재서류, 업무지침 등을 증거로 남겨야 한다. 교통카드 기록도 좋은 증거자료 중의 하나이다. 배우자 등 가족관련 급여는 비슷한 일을 하는 직원들의 업종 평균 급여정도를 지급해야 사후 검증 및 세무조사의 위험성을 낮출 수 있다.

③ 인건비는 매달 혹은 반기에 한번씩 원천징수세액 신고를 한 금액이 비용으로 인정된다.

④ 원천징수세액 신고를 누락한 금액이 없는지를 체크해야 한다.

⑤ 매출액 대비 인건비 비율이 동일한 병과의 병·의원 대비해서 너무 높거나 낮을 경우 과세관청에서는 불성실신고로 간주하기 때문에 세무조사를 받을 가능성을 높인다. 따라서 주의해야 한다.

◎ 경조사비

① 거래처 대상

접대비로 분류돼서 한도 내 비용 인정된다. 단, 1건당 20만원 이하는 비용으로 인정되며 청첩장과 부고장, 부고 문자 등을 증빙으로 사용할 수 있다.

> ▶ 20만 1천원을 지출하더라도 20만 1천원 전부가 비용처리가 안된다. 20만원도 비용처리가 안된다.

② 종업원 대상

사회통념상 금액 범위 내인 경우 복리후생비로 비용처리된다.

③ 정규 증빙 수취내역 분석과 연계하여 증빙이 없거나 허위의 경비를 기타계정으로 계상하였는지를 검토한다.

◎ 기부금

기부금명세서를 기초로 기부금에 대한 세무조정 여부를 검토한다.

구분	내용
특례기부금(법정기부금)	전액 비용으로 인정된다.
일반기부금(지정기부금)	한도 내 비용으로 인정된다.
비지정기부금	전액 비용으로 인정 안 된다.

◎ 광고선전비

① 네이버 광고비, 병원 홍보 현수막 제작비용, 옥외 광고판 사용비용 등 병원의 홍보를 위해서 사용한 비용을 말한다.

② 비용으로 인정된다.

③ 매출액 대비 광고선전비용이 지나치게 높을 경우 과세관청에서는 가공경비 등 불성실신고로 간주할 수도 있기 때문에 세무조사를 받을 가능성을 높인다. 따라서 주의해야 한다.

④ 실제 제공받은 용역대비 과도한 광고선전비, 컨설팅수수료는 과세관청에서 주의 깊게 보는 항목 중의 하나이므로 조심해야 한다.

⑤ 용역을 제공한 거래상대방에 가족 등 특수관계인이 있을 경우 과세관청이 상대적으로 더 주의 깊게 들여본다.

⑥ 정규 증빙 수취내역 분석과 연계하여 증빙이 없거나 허위의 경비를 기타계정으로 계상하였는지를 검토한다.

◎ 교육훈련비

① 비용처리된다.

② 정규 증빙 수취내역 분석과 연계하여 증빙이 없거나 허위의 경비를 기타계정으로 계상하였는지를 검토한다.

◎ 교통 범칙금

전액 비용으로 인정 안돼서 손금불산입한다.

◎ 교통유발 부담금

전액 비용으로 인정돼서 손금산입한다.

◎ 골프비용

① 비용으로 인정되지 않을 가능성이 높다.

② 복리후생비의 성격이 있을 경우 비용으로 인정된다.

◎ 공동관리비

① 전액 비용으로 인정된다.

② 세금계산서 등 적격 증빙을 수취하지 않을 경우 매월 받는 고지서와 계좌이체 내역으로 비용으로 처리한다. 단, 적격 증빙 미 수취 가산세 2%를 납부해야 한다.

◎ 도서인쇄비

① 신문대금, 도서구입비, 명함제작비용 등을 말한다.

② 전액 비용으로 인정된다.

③ 정규증빙 수취내역 분석과 연계하여 증빙이 없거나 허위의 경비를 기타계정으로 계상하였는지를 검토한다.

◎ 병·의원 운영에 사용한 대출금 이자

전액 비용으로 인정된다.

⊚ 보험료

① 병원에서 사용하는 자동차의 보험료, 고용보험료, 산재보험료, 병·의원을 위한 화재보험료, 보증보험료, 의료사고배상 책임보험료, 직원을 위한 단체보장성 보험료로 지급한 비용을 말한다.

② 최근에는 건강보험료를 복리후생비가 아닌 보험료로 처리한다. 복리후생비로 처리해도 틀린 것은 아니다. 왜냐하면 국세청의 사후 검증 등을 고려해서 보험료로 처리하는 것을 고려해 볼 필요가 있기 때문이다.

③ 전액 비용으로 인정된다.

④ 사업의 내용 및 건물·기계장치의 자산규모 등과 비교하여 적정한지 검토한다.

⑤ 원장이 개인적으로 지급한 종신보험이나 실손보험은 비용처리가 안된다.

⊚ 보관료

병·의원 목적으로 사용하는 창고료를 지급할 때 사용하는 항목이다.

⊚ 복리후생비

① 직원의 복리후생비는 전액 비용으로 인정된다.

② 직원들의 식대, 회식비, 경조사비, 음료수 구입비, 야유 회비, 직원 유니폼 비용 등에 지출된 비용을 말한다.

③ 직원들의 건강보험료 사용주 부담분은 복리후생비로 처리하지 않

고 보험료로 처리한다.

④ 복리후생비가 총 인건비의 20%를 넘을 경우 과세관청은 불성실 신고로 보아 세무조사의 가능성을 높인다.

⑤ 정규 증빙 수취내역 분석과 연계하여 증빙이 없거나 허위의 경비를 기타계정으로 계상하였는지를 검토한다.

◎ 상품권

구분	내용
복리후생비 성격	직원에게 지급할 경우 전액 복리후생비로 처리된다.
접대비 성격	환자유치를 위해 별도로 지급하는 상품권은 신용카드로 구입한 상품권에 한해서 비용처리가 가능하다.
원장 본인이 사용하는 상품권	경비처리 대상이 아니다.
직원에게 정기적인 상품권 지급	① 복리후생비가 아닌 지원 급여로 처리된다. ② 직원의 4대 보험료와 소득세가 증가된다.

◎ 신규 의료장비 구입비용

종전 자산과 같은 방식으로 감가상각해서 비용처리를 한다.

◎ 산재보험료 연체료

전액 비용으로 인정된다.

◎ 산재보험료 가산금

전액 비용으로 인정 안된다.

ⓖ 수도 광열비

전액 비용으로 인정된다.

ⓖ 소모품비

① 병·의원에서 소모되는 소모품 구입비용을 말한다. 휴지, 물티슈, 종이컵, 비닐 봉투 등을 말한다.

② 전액 비용으로 인정된다.

③ 미사용 소모품 비용 처리 여부 및 가사 사용 분 포함 여부를 검토한다.

④ 정규 증빙 수취내역 분석과 연계하여 증빙이 없거나 허위의 경비를 기타계정으로 계상하였는지를 검토한다.

ⓖ 수선비

① 비품수선비 등 병원의 물품을 수리하면서 거래처에게 지급한 비용을 말한다.

② 거래처가 사업자 등록증이 없는 경우 거래 상대방의 이름, 주민등록번호로 사업소득자 신고처리한다. 세금계산서를 수취할 수 없으니 계약서와 계좌이체 내역을 보관해야 한다.

③ 차량 수선비는 모두 차량 유지비로 비용처리한다.

> ❝ 온라인과 홈쇼핑으로 병원에서 사용할 소파를 구입해도 경비처리가 가능할까? ❞

온라인과 홈쇼핑으로 병원에서 사용할 소파를 구입해도 경비처리가 가능하다. 단, 병원을 배송지로 한 자료와 병원에 소파를 실제로 설치한 사진 그리고 구매명세서를 보관하여 향후 사후 검증이나 세무조사에 대비해야 한다.

> 66 병원장의 동생이 ○○전자에 근무해서 직원할인가로 동생 명의의 카드를 사용해서 병원용 컴퓨터를 구입해도 경비처리가 가능할까? 99

병원장의 동생이 ○○전자에 근무해서 직원할인가로 동생 명의의 카드를 사용해서 병원용 컴퓨터를 구입해도 경비처리가 가능하다. 단, 동생 명의의 카드결제 영수증, 동생에게 해당 금액을 계좌 이체한 내역서, 병원을 배송지로 한 자료와 병원에 컴퓨터를 실제로 설치한 사진 그리고 구매명세서를 보관하여 향후 사후 검증이나 세무조사에 대비해야 한다.

◎ 세금과 공과

① 자동차세, 인지세, 등록면허세, 적십자 회비, 세금, 공과금, 의사면허세, 벌금, 과태료 등 국가와 지방자치단체에 지급하는 비용을 말한다.

② 국민연금 사용자 부담금도 세금과 공과로 비용처리한다.

③ 교통유발 부담금은 전액 비용으로 인정된다.

④ 교통 범칙금은 전액 비용으로 인정 안된다.

⑤ 종합소득세와 부가가치세는 세금과 공과에 포함하면 안된다.

⑥ 취득세와 등록세는 비용처리하면 안된다. 해당 자산가액에 포함해야 한다.

⊚ 여비교통비

① 전액 비용으로 인정된다.

② 출장비, 고속도로 통행료, 주차비, 항공권 구매비용, 호텔숙박비 등 출장이나 외근 그리고 외부 교육을 받을 경우에 지출한 비용을 말한다.

③ 원장이 차량이 없는 경우 출퇴근 경비도 여비교통비로 처리한다.

⊚ 의료장비 수선비용

① 비용으로 인정된다.

② 유형자산의 자본적 지출을 수선비로 계상하였는지를 검토한다.

⊚ 의약품비

① 병·의원에 필수적인 의약품에 대해서는 비용처리가 가능하다.

② 의약품비의 경우는 매출과 비례하는 경향이 높으므로 철저하게 관리해야 한다.

⊚ 의료 소모품비

① 주사기, 의료장갑, 마스크 등 병·의원 운영 시 필요한 소모성 의료용품을 말한다.

② 전액 비용으로 인정된다.

③ 정규 증빙 수취내역 분석과 연계하여 증빙이 없거나 허위의 경비를 기타계정으로 계상하였는지를 검토한다.

⊚ 의사면허세

① 전액 비용으로 인정된다.

② 세금과 공과로 비용처리한다.

⊚ 이자비용(지급이자)

① 병원 운영과 관련된 대출금이자는 한도 내에서 비용으로 인정된다.

② 장·단기 차입금의 가액을 기초로 가사사용분 이자비용 계상여부 등을 검토한다.

③ 변동금리 대출상품의 금리기준이 되는 CD금리가 지급이자에 반영되었는지를 검토한다.

구분	내용
자산 〉 부채	업무 관련성이 있을 경우 전액 비용으로 인정된다.
자산 〈 부채(초과인출)	이자비용의 일부가 인정 안된다. 즉, 초과인출금에 대한 지급이자는 비용으로 인정되지 않는다.

⊚ 임차료

① 병·의원 운영 시 입주 건물 임차료(월세)는 전액 비용으로 인정된다.

② 복사기 임차료, 의료장비 리스료는 전액 비용으로 인정된다.

⊚ 잡급

① 일용직이나 실습생, 아르바이트 직원에게 지불하는 임금이다.

② 전액 비용으로 인정된다.

⊚ 잡이익/잡손실

① 건강보험공단에 청구했으나 삭감된 금액은 잡손실로 처리한다.

② 건강보험공단에서 추가 지급한 금액은 잡이익으로 처리한다.

③ TV시청료는 잡손실로 처리한다.

⊚ 전력비

전액 비용으로 인정된다.

⊚ 접대비

① 병·의원의 외부고객에게 접대하는 목적으로 사용하는 비용이다.

② 거래처 직원과의 식사비, 거래처 직원에게 제공하는 커피, 거래처 직원의 경조사비, 거래처 임직원 접대비 등을 말한다.

③ 병·의원은 조세특례제한법 시행령 제2조의 중소기업에 해당한다.

④ 병·의원(중소기업)의 접대비 기본한도는 36백만원이다.

⑤ 접대비 추가 한도는 다음과 같이 계산한다.

매출액	비율
100억원 이하	0.3%
100억원~500억원 이하	2천만원+100억원 초과 금액의 0.2%
500억원 초과	6천만원+500억원 초과 금액의 0.03%

⑥ 병·의원(중소기업)의 매출액별 총 접대비 한도는 다음과 같다.

매출액	기본 접대비	추가 접대비	총 접대비 한도
10억원	36백만원	3백만원	39백만원
15억원	36백만원	450만원	4,050만원
20억원	36백만원	6백만원	42백만원
25억원	36백만원	750만원	4,350만원
30억원	36백만원	9백만원	45백만원

◎ 주거비

① 직원: 복리후생비로 비용 인정된다. 근무하는 직원의 거주지가 병원과 거리가 먼 경우 복리후생 목적으로 주거비를 직원에게 지원할 수 있으며 비용처리가 가능하다. 병원의 비용처리를 위해서는 병원 명의의 임대차 계약서(매매 계약서), 병원과 직원 간의 임대차 계약서, 직원의 전입신고 내역 그리고 임대료 이체내역 등이 필요하다.

② 원장: 가사비용으로 분류되기에 비용이 인정되지 않는다. 예를 들면, 원장이 집을 이사할 때 지불한 공인중개사 수수료와 이사업체에 지급한 개인 이사비용은 가사 비용이므로 비용 처리할 수 없다. 원장이 개인적으로 사용하기 위해 병원 근처에 오피스텔을 월세로 계약해도 비용도 인정되지 않는다.

◎ 지급수수료

① 은행 송금수수료, 제증명발급수수료, 카드수수료, 프로그램 사용료는 전액 비용으로 인정된다.

② 법률자문수수료, 세무수수료, 노무수수료도 비용으로 인정된다.

③ 정규증빙 수취내역 분석과 연계하여 증빙이 없거나 허위의 경비를 기타계정으로 계상하였는지를 검토한다.

◎ 차량유지비

① 병·의원에 등록된 차량의 유지비(주유비, 수리비, 통행료)는 비용으로 인정된다.

② 전년도와 금년도의 차량운반구의 가액과 연관하여 차량운반구 없이 차량유지비를 계상하였는지를 검토한다.

◎ 체력단련비

① 직원: 복리후생비로 전액 비용 인정된다.

② 원장: 가사비용으로 분류된다. 따라서 전액 비용이 인정되지 않는다.

◎ 출·퇴근용 리스차량비

① 연간 한도 15백만원 한도 내에서 비용이 인정된다.

② 연간 한도 15백만원 초과시 운행일지를 반드시 작성해야 한다.

◎ 퇴직금

퇴직직원에게 실제 지급한 퇴직금과 퇴직연금 불입액은 경비처리가 인정된다.

◎ 환자 부식비

병원 내 환자에게 제공되는 부식비는 비용으로 인정된다.

◎ 카드 수수료

환자들이 신용카드 등을 결제할 때 발생하는 카드 수수료는 전액 비용으로 인정된다.

◎ 통신비

① 인터넷 사용료, 핸드폰요금 지원비용, 웹하드 이용요금, 택배비, 우편요금 등 우체국이나 통신사 등에 지급하는 비용을 말한다.

② 직원 통신비: 복리후생비로 비용 인정된다.

③ 원장 통신비: 비용 인정된다.

④ 정규증빙: 세금계산서(통신회사 고객센터 문의) 혹은 신용카드명세서(신용카드 자동결제 신청 시)를 사용

⑤ 「전기통신사업법」에 의한 전기통신사업자로부터 전기통신역무를 제공받는 경우 건당 거래금액(부가가치세 포함)이 3만원 초과시 적격증빙을 수취하지 않아도 2%의 증빙 불비 가산세를 적용받지 않는다.

◎ 판매촉진비

① 병원의 판매촉진을 위해 사용한 비용은 전액 비용으로 인정된다.

② 정규 증빙 수취내역 분석과 연계하여 증빙이 없거나 허위의 경비를 기타계정으로 계상하였는지를 검토한다.

◎ 회의비

① 통상적인 회의비용은 비용 인정된다.
② 통상적인 회의비용을 초과할 경우 접대비로 분류될 수도 있다.

◎ 협회비

① 의사협회 등 협회에 지출되는 비용을 말한다.
② 영업자가 조직한 단체로서 법인이거나 영업자가 조직한 단체로서 주무관청에 등록된 조합 또는 협회의 조합비·협회비는 필요경비로 산입한다(소득세법 집행기준 27-55-29).
③ 임의단체에 지급하는 협회비는 세법상 일반기부금(지정기부금), 비지정기부금 해당 여부를 확인해야 한다.

◎ 학회비

구분	내용
영업자가 조직한 단체 협회/학회에 지급한 회비	전액 비용으로 인정 가능하다.
임의로 조직한 단체 협회/학회에 지급한 회비	일반기부금(지정기부금) 한도 내에서 비용이 인정된다.

◎ 해외 출장비

① 업무 수행상 필요한 해외 출장비의 경우 전액 비용으로 인정된다.

② 관광목적의 여행인 경우 업무수행상 필요한 여행이 아닐 가능성이 매우 높다. 따라서 비용으로 처리되지 않는다.

◎ 환경개선부담금

비용으로 인정된다.

병원의 소득세법상 이행의무는?

◎ 병·의원의 소득세법상 이행의무

(1) 기장의무

의료법에 의하여 병·의원을 개설하여 운영하는 사업자는 전문직사업자로 수입금액 규모에 상관없이 복식부기 의무자이다.

(2) 사업용 계좌의 개설·신고

사업 개시와 동시에 복식부기 의무자에 해당되는 병·의원사업자는 다음 과세기간의 개시일로부터 6개월 내에 사업용 계좌를 해당 사업자의 사업장 관할 세무서장에게 신고해야 한다. 그러나 사업자등록과 동시에 신고하는 것을 권고한다.

(3) 사업장현황신고

① 의료법에 따라 병·의원을 개설하여 병·의원업을 행하는 사업자는 다음 연도 2월 10일까지 사업장현황신고를 하여야 하나,

② 미용목적 성형수술 등 과세사업을 영위하는 겸영사업자(과세+면세사업자)로 부가가치세 신고 시 면세수입금액을 신고하는 경우에는 사업장현황신고의무가 없다.

사업자 현황신고 제출대상서류	① 사업장현황신고서
	② 의료업자 수입금액검토표
	③ 수입금액 검토 부표
	④ 매입처별 세금계산서 합계표
	⑤ 매입·매출처별 계산서 합계표

 병·의원 과세기간 및 신고기간

◎ 병·의원 소득세 과세기간 및 신고기간

소득세 과세기간은 1월 1일부터 12월 31일까지의 1년이며, 신고기간은 그 다음 해의 5월 1일부터 5월 31일까지이다. 다만 성실신고확인대

상 사업자가 성실신고확인서를 제출하는 경우 그 다음 해의 6월 30일까지 신고를 한다.

◉ 종합소득세 납세지

종합소득세 과세표준 확정신고는 거주자의 주소지 관할 세무서장에게 한다.

◉ 종합소득세의 신고

종합소득세 신고서를 작성하여 첨부서류와 함께 주소지 관할 세무서장에게 우편으로 제출하거나, 홈택스(www.hometax.go.kr)에 접속하여 전자신고를 하면 된다.

◉ 종합소득세의 납부

종합소득세는 5월 1일부터 5월 31일까지 납부한다. 다만, 성실신고확인대상사업자가 성실신고확인서를 제출하는 경우 5월 1일부터 6월 30일까지 납부하면 된다. 납부방법은 납부서를 작성하여 가까운 은행 또는 우체국에 납부하는 방법과 국세전자납부제도를 이용하여 납부하는 방법이 있다.

◉ 종합소득세 분납

거주자가 종합소득세 납부할 세액이 2천만원 이하인 때에는 1천만원을 초과하는 금액을, 납부할 세액이 2천만원을 초과하는 때에는 그 세액의 50% 이하의 금액을 납부기한 경과 후 2개월 이내에 분납할 수 있다.

종합소득세 과세유형 및 기장의무

◎ 종합소득세 과세유형 및 기장의무

국세청이 발표한 종합소득세 과세유형 및 기장의무는 다음과 같다.

유형	대상자	기장의무	경비율
S	성실신고확인대상자 (병·의원)	복식부기/간편장부	단순/기준
A	외부조정대상자 (병·의원)	복식부기	기준
B	자기조정대상자 (직접 장부를 써도 되는 복식부기 장부작성 의무)	복식부기	기준
C	복식부기 의무자 (전년도에 추계신고한 사업자)	복식부기	기준
D	직전 연도 매출액이 2,400만원 이상인 부동산임대업 등, 3,600만원 이상인 제조업, 음식숙박업 등, 6,000만원 이상인 도·소매업 등 간편장부대상 사업자 – 기준경비율	간편장부	기준
E	단순경비율	간편장부	단순
F	모두 채움(납부)	간편장부	단순
G	모두 채움(환급)	간편장부	단순
I	신종업종 사업자로서 국세청이 사전에 성실신고를 안내해 준 사업자	복식부기/간편장부	단순/기준
V	주택임대	복식부기/간편장부	–
T	금융, 근로, 연금, 기타소득이 있는 비사업자	비사업자	–
Q, R	종교인	비사업자	–

◎ 병원·의원의 종합소득세율

병원·의원의 종합소득세율은 6%(14백만원 이하)~45%(10억원 초과)가
적용된다.

> ✅ 기본세율은 6~45%, 8단계 초과 누진세율
> ✅ 산출세액 = 과세표준 × 기본세율 – 누진공제

기본세율은 과세표준이 커질수록 적용되는 세율도 높아지는 8단계 초
과 누진세율체계이다. 따라서 병원·의원의 경우에는 상대적으로 높은 세
율을 적용받을 가능성이 높다. 세율이 높아질수록 누진공제 금액도 상
대적으로 커진다.

과세표준	세율	누진공제
1,400만원 이하	6%	–
1,400만원 초과~5,000만원 이하	15%	126만원
5,000만원 초과~8,800만원 이하	24%	576만원
8,800만원 초과~1.5억원 이하	35%	1,544만원
1.5억원 초과~3억원 이하	38%	1,994만원
3억원 초과~5억원 이하	40%	2,594만원
5억원 초과~10억원 이하	42%	3,594만원
10억원 초과	45%	6,594만원

과세표준이 3.1억원인 경우에는 40%의 세율이 적용되나 3억원일 경
우에는 38%의 세율이 적용된다. 반면에 과세표준이 5억원을 초과하는
경우에는 42%의 세율이 적용된다.

병·의원 종합소득 과세

◎ 병원·의원의 종합소득 과세

> ✓ 종합과세가 원칙, 즉, 이자/배당/사업/근로/연금/기타소득에 대해 人別로 합산 과세
> ✓ 퇴직소득세와 양도소득세는 분류과세(= 종합과세와 별도로 과세)

병원·의원의 종합소득세기간은 해당 연도 1.1.~12.31.이다. 종합소득금액이 있는 경우에는 매년 5월(6월)에 종합소득세 신고를 해야 한다. 따라서 해당 연도의 종합소득금액, 결정세액 및 추가징수세액을 결정해서 익년 5월(6월)에 종합소득세 신고를 해야 한다.

❝ 소득종류별 소득금액 합산(분리과세, 비과세소득 제외) ❞

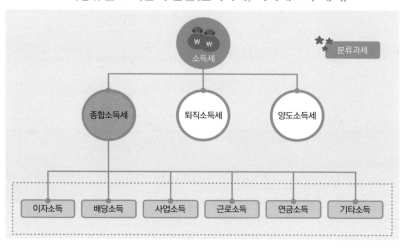

퇴직소득과 양도소득은 종합소득과 합산하지 않고 분류과세한다.

종합소득세 계산구조

↘

금융소득, 근로소득, 연금소득, 기타소득 등을 사업소득에 합산해서
과세한다.

소득종류	종합과세 기준	원천징수세율*
이자소득 배당소득	합산소득 2천만원 초과시 종합과세	15.4%
사업소득 근로소득	무조건 종합과세 (일용직은 분리과세)	
연금소득	세제 적격연금: 연 1,500만원 초과 시 (16.5% 분리과세와 종합과세 중 선택 가능) 퇴직연금: 무조건 분리과세 국민연금: 무조건 종합과세	5.5%/4.4%/3.3%, 16.5%
기타소득	기타소득금액 연 300만원 초과 시	22%

* 지방소득세 포함

원장이 외부에 강의를 하고 받는 소득은 기타소득이나 사업소득으로
분류된다.

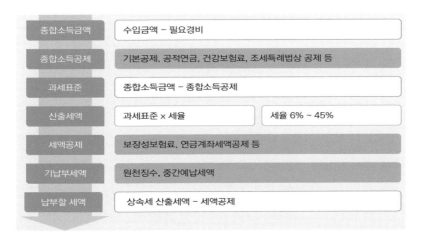

종합소득금액	수입금액 – 필요경비	
종합소득공제	기본공제, 공적연금, 건강보험료, 조세특례법상 공제 등	
과세표준	종합소득금액 – 종합소득공제	
산출세액	과세표준 × 세율	세율 6% ~ 45%
세액공제	보장성보험료, 연금계좌세액공제 등	
기납부세액	원천징수, 중간예납세액	
납부할 세액	상속세 산출세액 – 세액공제	

◎ 병원·의원의 총수입금액 계산

병·의원의 총수입금액은 해당 연도 1.1.~12.31.의 다음 수입금액을 합한 금액이다.

구분		보험 수입 지급 기관	비고
보험수입		국민건강보험공단	① 공단에서 지급금액의 3.3%를 원천징수한 후 지급 ② 원천징수 금액은 종합소득세 신고 시 기납부세액으로 공제
비보험수입			국민건강보험이 적용되지 않는 진료에서 발생한 수입
기타 수입	의료보호수입	지방자치단체	
	보험회사 수입	보험회사, 공제조합, 근로복지공단	자동차보험, 상해보험, 산재보험
	제약회사가 지급하는 판매장려금		
	수탁 검사료		다른 병원·의원에서 의뢰를 받은 검사로 발생하는 수수료
	진단서 발급수수료		환자에게 진단서를 발급해주면서 발생하는 수수료

◎ 병원·의원의 사업소득금액 계산

병·의원의 사업소득금액 계산은 추계신고와 장부작성의 방법으로 할 수 있다. 따라서 필요경비를 어떤 방식을 사용하느냐에 따라 사업소득금액이 달라진다. 일반적으로 단순경비율이 기준경비율보다 크기 때문에 필요경비가 커지게 되고 사업소득금액이 작아진다. 그러므로 원장인 A씨는 매년 단순경비율을 적용하고 싶지만 단순경비율과 기준경비율 중 본인에게 유리한 방식을 개인적으로 선택할 수는 없다. 기존사업자는 직전 연도 총수입금액에 따라서, 신규사업자는 해당 연도 총수입금액의 크기에 따라서 경비율은 자동적으로 정해진다.

단순·기준경비율 및 복식부기 의무자의 기준수입금액을 비교하면 다음과 같다.

(단위 : 백만원)

분류(요약)	추계신고		장부신고		
	단순 (미만)	기준 (이상)	간편 (미만)	복식 (자기 조정)	복식 (외부 조정)
임대, 서비스 등	24	24	75	75	150
제조, 건설 등	36	36	150	150	300
도·소매 등	60	60	300	300	600

* 수입금액은 신고대상연도의 직전 연도 기준
** 신규사업자는 당해연도 복식부기 기준 금액 이상인 경우 단순경비율 적용배제
*** 기준경비율 적용시 단순경비율 상한 배율 적용(간편장부 2.8배,복식부기 3.4배)
**** 다수 업종인 경우 업종별 수입금액을 주 업종 기준수입금액 비율로 재계산하여 판단

장부작성의 경우에도 간편장부대상자인지 복식부기 의무자인지의 구분은 직전 연도의 총수입금액에 따른다. 어떤 방식을 사용할 지 여부는 원장인 A씨가 개인적으로 선택할 수는 없다. 단, 간편장부대상자는 복식부기를 선택할 수 있다.

구분	추계신고		장부작성	
	단순경비율	기준경비율	간편장부	복식부기
총수입금액				
필요경비	필요경비 전부를 단순경비율을 적용하여 소득금액을 계산	주요경비는 사업관련 경비로서 세금계산서 등 정규 증빙을 수취할 경우에만 경비가 인정된다. 그러나 주요경비를 제외한 기타경비는 기준경비율을 적용하여 소득금액을 계산	간편장부에 의해 확인되는 경조사비, 마케팅비용, 차량유지비등 사업과 관련된 경비	복식부기에 의해 확인되는 경조사비, 마케팅비용, 차량유지비등 사업과 관련된 경비

 ## 병·의원도 단순경비율을 적용받을 수 있을까?

" 병·의원은 단순경비율 대상자가 아니다. "

단순경비율은 수입금액 대비 경비로 인정해 주는 비율을 말하고 기준경비율은 수입금액 대비 매입+임차+인건비를 제외한 기타경비율을 말한다. 다음 각 호의 어느 하나에 해당하는 사업자는 단순경비율 적용대상자에 포함되지 않는다(소득세법 시행령 제143조 제7항).

① 「의료법」에 따른 의료업, 「수의사법」에 따른 수의업 및 「약사법」에 따라 약국을 개설하여 약사(藥事)에 관한 업(業)을 행하는 사업자

② 변호사업, 심판변론인업, 변리사업, 법무사업, 공인회계사업, 세무

사업, 경영지도사업, 기술지도사업, 감정평가사업, 손해사정인업, 통관업, 기술사업, 건축사업, 도선사업, 측량사업, 공인노무사업, 의사업, 한의사업, 수의사업과 그 밖에 이와 유사한 사업서비스업으로서 기획재정부령으로 정하는 것

- 의료업(851101~851219, 851901), 수의업(852000), (한)약사업(523111, 523114)
- 변호사업(741101), 심판변론인업, 변리사업(741104), 법무사업(741107), 공인노무사업(741110)
- 세무사·회계사업(741201~741204), 경영지도사업(741401), 통관업(749906)
- 기술지도사업(742202), 감정평가사업(702002), 손해사정인업(749904), 기술사업(742106), 건축사업(742105), 도선사업(630403), 측량사업(742101, 742102)

③ 현금영수증가맹점에 가입하여야 하는 사업자 중 현금영수증가맹점으로 가입하지 아니한 사업자(가입하지 아니한 해당 과세기간에 한한다)

복식부기와 간편장부 등 장부작성의 경우

◎ 복식부기와 간편장부 등 장부작성의 경우

복식부기자는 수입금액 일정금액 이상인 경우 장부작성을 통해 경비를 인정받는다. 단, 병·의원(의료)업은 "보건업 및 사회복지 서비스업"에 해당하고 전문직사업자로 수입금액과 무관하게 복식부기 의무자에 해당한다.

❝ 병·의원은 복식부기의무 대상자이다. ❞

◎ 복식부기 의무자의 의무사항은? (불이행시 가산세 적용)

❝ 병·의원은 100% 장부를 기장한다 ❞

① 장부기장(복식부기)
② 사업용 계좌 개설 및 신고
③ 전자세금계산서, 전자계산서 발행(2024.7월부터 직전 연도 공급가액 0.8억원 이상)
④ 이월결손금 공제배제

사업자는 소득금액을 계산할 수 있도록 증명서류 등을 갖춰 놓고 그 사업에 관한 모든 거래 사실이 객관적으로 파악될 수 있도록 복식부기에 따라 사업의 재산상태와 그 손익거래내용의 변동을 빠짐없이 이중으로 기록하여 계산하는 부기형식의 장부에 기록·관리하여야 한다.

**66** 연간 매출액 48백만원을 초과하는 병·의원이 장부를 기장하지 않으면 산출세액의 20%를 가산세로 납부해야 한다. **99**

◎ 복식부기 의무자인 병·의원이 추계신고 시 받게 될 세법상 불이익은?

① 무신고·무기장 가산세 적용

② 기준경비율의 1/2 적용

③ 조세특례제한법의 세액감면 적용배제

④ 이월결손금 공제배제

◎ 복식부기 의무자 추계신고(단순·기준경비율) 시 세액비교

① 의약품소매업(약국업)의 업종코드인 523111로 가정한다.

② 주요경비(매입+임차료+인건비) 증빙 없으며, 소득공제 10백만원으로 가정한다.

③ 복식부기 의무자의 각 수입금액별 세액비교

(단위 : 백만원)

수입금액	150백만원	300백만원	600백만원	비고
소득금액 (기준적용)	146.85	293.70	587.40	기준경비율의 1/2 적용
소득금액 (상한적용)	84.15	168.30	336.60	단순경비율의 3.4배수
소득공제	10.00	10.00	10.00	
과세표준	74.15	158.30	326.60	
최고세율	24%	38%	40%	
결정세액	12.57	40.75	105.24	
가산세	2.51	8.15	21.04	
총결정세액	15.08	48.90	126.28	

◎ 간편장부대상자 vs 복식부기 의무자

업종별 일정 규모 미만의 사업자는 "간편장부대상자"라 하고, 간편장부대상자 외의 사업자는 "복식부기 의무자"라 한다.

◎ 간편장부대상자와 복식부기 의무자의 구분은?

간편장부대상자와 복식부기 의무자의 구분은 직전 연도의 총수입금액에 의하며, 보건업 및 사회복지서비스업에 해당하는 경우 기준수입금액은 75백만원이다. 이에 미달하는 사업자는 간편장부대상자이다. 당해 연도 신규로 사업을 개시하는 사업자도 간편장부대상자이다. 단, 병·의원(의료)업은 전문직사업자로 수입금액과 무관하게 복식부기 의무자에 해당한다.

◎ 간편장부란?

간편장부란 영세한 사업자가 쉽고 간편하게 매일의 수입과 비용을 가계부를 작성하듯이 기록하도록 국세청에서 고시한 장부이다. 업종·규모 등을 고려하여 대통령령으로 정하는 업종별 일정 규모 미만의 사업자가 간편장부를 갖춰 놓고 그 사업에 관한 거래 사실을 성실히 기재한 경우에는 장부를 비치·기록한 것으로 본다. 따라서 간편장부를 기장한 영세 사업자는 소득세를 신고할 때 간편장부에 의해 소득세를 계산할 수 있다.

◎ 간편장부대상자가 복식부기나 간편장부를 기장하지 않으면 받는 불이익은?

간편장부대상자가 복식부기나 간편장부를 기장하지 않으면 (1) 실제

소득에 따라 소득세를 계산할 수 없어 적자(결손)가 발생한 경우에는 그 사실을 인정받지 못하고, (2) 장부를 기장하는 경우보다 장부의 기록·보관 불성실가산세(舊 무기장가산세) 20%를 더 부담하게 된다. 반면에 간편장부대상자가 복식부기로 기장할 경우 100만원 한도의 기장세액공제(20%)를 받을 수 있다.

* 기장세액공제=종합소득 산출세액x(기장된 사업소득금액/종합소득금액)x20%

비치 기장한 장부에 의하여 신고하여야 할 소득금액의 20% 이상을 누락하여 신고하거나 관련 장부 및 증빙서류를 신고 종료일로부터 5년간 보관하지 아니한 경우 기장세액공제를 배제한다.

업종별 구분 기준금액(기존사업자)	복식부기 의무자	간편장부 대상자
1. 농업·임업 및 어업, 광업, 도매 및 소매업(상품중개업을 제외한다), 부동산매매업, 2 및 3에 해당하지 아니하는 사업	3억원 이상자	3억원 미만자
2. 제조업, 숙박 및 음식점업, 전기·가스·증기 및 공기조절 공급업, 수도·하수·폐기물처리·원료재생업, 건설업(비주거용 건물 건설업은 제외), 부동산 개발 및 공급업(주거용 건물 개발 및 공급업에 한정), 운수업 및 창고업, 정보통신업, 금융 및 보험업, 상품중개업	1.5억원 이상자	1.5억원 미만자
3. 부동산 임대업, 부동산업(부동산매매업 제외), 전문·과학 및 기술 서비스업, 사업시설관리·사업지원 및 임대서비스업, 교육 서비스업, 보건업 및 사회복지 서비스업, 예술·스포츠 및 여가관련 서비스업, 협회 및 단체, 수리 및 기타 개인 서비스업*, 가구 내 고용활동	0.75억원 이상자	0.75억원 미만자

(주의할 점)
* 수리 및 기타개인서비스업 중 「부가가치세법 시행령」 제42조 제1호에 따른 인적용역 사업자는 기장의무 판단시에는 '3'군을 적용한다.

성실신고확인대상자

◎ 성실신고확인대상자

> ❝ 병·의원업의 경우 해당 연도 수입금액 5억원 이상인 경우
> 성실신고확인대상자이다 ❞

성실신고확인제도는 성실한 납세를 유도하기 위해 업종별 수입금액이 일정기준 이상이 될 경우 종합소득세 신고 시 장부, 증명서류 등에 의해 계산한 사업소득금액의 적정성을 세무사 등의 확인을 거쳐 신고하는 제도이다. 성실신고확인대상인지 판단의 기준이 되는 수입금액은 소득세법상 수입금액을 의미하는 것이므로, 일반적인 수입금액뿐만 아니라 간주임대료, 판매장려금, 신용카드세액공제액, 사업양수도 시 재고자산의 시가 상당액을 포함한다. 더구나 성실신고확인대상자 판정여부는 전년도의 업종 및 수입금액과 무관하다.

◎ 성실신고확인결과 주요명세서의 중요항목(기획재정부 성실 신고확인서 고시)

① 주요 매출처(전체 매출액 대비 5% 이상 금액의 매출처 중 상위 5개)
② 주요 매입처(전체 매입액 대비 5% 이상 금액의 매입처 중 상위 5개)
③ 주요 유형자산 명세
④ 차입금 및 지급이자 확인
⑤ 수입금액 신고 현황
⑥ 매출증빙발행 현황

⑦ 필요경비에 대한 적격 증빙 수취여부 등 검토

⑧ 배우자 및 직계존비속 등과의 거래 검토

⑨ 차량운영현황(업무용에 한함)

⑩ 사업용 계좌 별 잔액현황

◎ 성실신고 확인결과 특이사항의 대표적인 예

항목	특이사항	비고
사업현황		
수입금액		
적격 증빙 비용	<3만원 초과 거래에 대한 적격증빙 비치 여부>	
	<3만원 초과 거래에 대한 장부상 금액과 적격증빙금액 일치 여부>	
	<소득세법 시행규칙 별지 제40호의 5서식 「영수증수취명세서」 작성시 적격증빙 없는 비용에 대한 내역 누락 여부>	
	<현금지출 항목 또는 적격증빙 없는 항목에 대한 업무무관 여부>	
인건비	(예시) • 사업자의 배우자 및 직계존비속에게 지급한 인건비 • 사업자의 배우자 및 직계존비속 중 재학, 해외 유학 또는 군복무 중인 자에게 지급한 인건비	
차량유지비	(예시) • 사업용 차량수를 고려할 때 과다계상된 주유비 • 사업 규모, 근무자 수에 비해 과다한 차량에 대한 주유비 • 사업자의 배우자 및 직계존비속 소유의 차량에 대한 주유비	
통신비	(예시) • 가족, 친척 등의 명의로 지급한 통신비 • 업무와 관련 없는 통신기기에서 발생하는 통신비	
복리후생비	(예시) • 접대성 경비를 복리후생비로 계상 • 가족 및 개인용도로 지출한 비용을 복리후생비로 계상	
접대비	(예시) • 국내관광지 및 해외 여행 지출 경비 • 업무와 관련이 없는 유흥주점 지출 경비	
이자비용	(예시) • 채권자가 불분명한 차입금에 대해 계상한 이자비용 • 업무무관자산을 취득하기 위한 차입금에 대해 계상한 이자비용	
감가상각비	(예시) • 업무와 관련이 없는 자산에 대한 감가상각비 계상	
건물관리비	(예시) • 사업자의 배우자 및 직계존비속이 사용하는 건물의 관리비 계상	
지급수수료	(예시) • 종업원의 봉사료와 관련하여 계상된 카드수수료 • 업무와 관련 없는 부동산 취득에 따른 관련 수수료	

◎ 성실신고확인대상 사업자

① 성실신고확인대상자는 업종별 해당 과세기간의 수입금액(매출액)이 아래 도표상의 금액 이상에 해당하는 경우(소득세법 제70조의 2)에 적용된다. 병·의원업의 경우 해당 연도 수입금액 5억원 이상인 경우 성실신고확인대상자이다.

② 신고 대상 과세기간의 수입금액을 기준으로 판단한다. 직전 연도 기준이 아니기 때문에 조심해야 한다.

③ 둘 이상의 업종을 운영하고 있는 경우 별도 산식을 통해 수입금액 계산하여 판단한다.

업종	2014~ 2017년	2018년 이후
농업·임업 및 어업, 광업, 도매 및 소매업(상품중개업 제외) 부동산매매업, 그 밖의 업종	20억원	15억원
제조업, 숙박 및 음식점업, 건설업, 운수업 및 창고업, 정보통신업, 금융 및 보험업, 상품중개업	10억원	7.5억원
부동산임대업, 부동산업, 전문·과학 및 기술 서비스업, 교육서비스업, 보건업 및 사회복지 서비스업, 예술·스포츠 및 여가관련 서비스업 등	5억원	5억원

※ 2020년 기준금액이 소폭 하향 조정될 예정이었으나 유지하는 방향으로 개정

◎ 성실신고대상자의 의무

(1) 성실신고확인서 제출

성실신고확인대상자는 종합소득세 신고 시 선임한 세무사 등으로부터 성실신고확인서를 발급받아 신고와 함께 관할 세무서장에게 제출하여야 한다.

(2) 업무용승용차 관련

- (업무전용자동차보험 가입) 성실신고확인대상 사업자는 사업자별로 1대를 제외한 나머지 승용차에 대해 업무전용자동차보험을 가입하여야 100% 필요경비를 인정받을 수 있다.

- 사업자별 1대를 제외한 나머지 승용차의 업무사용금액

---

① 업무전용자동차보험에 가입한 경우
- 업무사용금액 = 업무용승용차 관련비용 × 업무사용비율

② 업무전용자동차보험에 가입하지 않은 경우
- 업무사용금액 = 업무용승용차 관련비용 × 업무사용비율 × 50%(2024년부터 0%)

- (관련서식 제출) 성실신고확인대상 사업자는 업무용승용차 관련비용 및 처분손실을 인정받기 위해서 업무용승용차 관련비용 등 명세서를 제출해야 한다.

◎ 성실신고확인대상자 혜택

(1) 신고·납부기한 연장

성실신고확인대상자가 성실신고확인서류를 제출하는 경우 일반적인 종합소득세 신고·납부기한의 한달 후인 6월 30일까지 신고·납부할 수 있다.

(2) 성실신고 확인비용에 대한 세액공제

① 성실신고확인서를 제출한 경우 성실신고확인에 직접 사용된 비용

의 60%를 사업소득에 대한 소득세에서 120만원 한도로 세액공제 한다. 확인비용이 200만원인 경우 120만원을 공제한다.

② 단, 사업소득금액을 과소신고한 경우, 과소신고금액이 당초신고금액의 10% 이상인 경우 세액공제액 전액이 추징되며 향후 3년간 세액공제 적용을 배제한다.

(3) 성실신고확인대상자의 의료비, 교육비, 월세 세액공제

① 성실신고확인대상사업자로서 성실신고확인서를 제출한 자가 특별세액공제 대상 의료비·교육비를 지출한 경우 지출한 금액의 100분의 15(미숙아·선천성 이상아에 대한 의료비의 경우 100분의 20, 난임시술비의 경우 100분의 30)에 해당하는 금액을 사업소득에 대한 소득세에서 공제(조세특례제한법 제122조의 3 제1항)

② 성실신고확인대상사업자로서 성실신고확인서를 제출한 자가 월세액을 2024.12.31.이 속하는 과세연도까지 지급하는 경우 사업소득자임에도 불구하고 그 지급한 금액의 15%(해당 과세연도의 종합소득과세표준에 합산되는 종합소득금액이 4,500만원 이하의 성실신고확인대상사업자로서 성실신고확인서를 제출한 자의 경우에는 17%)에 해당하는 금액을 해당 과세연도의 소득세에서 공제한다. 다만, 해당 월세액이 750만원을 초과하는 경우 그 초과하는 금액은 없는 것으로 한다(조세특례제한법 제122조의 3 제3항).

③ 단, 해당 과세기간의 신고한 사업소득금액의 경정 시 수입금액과 필요경비의 차액이 신고금액의 20% 이상인 경우 공제받은 의료비, 교육비 세액공제 전액을 추징한다.

⦿ 성실신고의무 미이행시 제재사항

① 사업자의 성실신고를 유도하기 위하여 일정한 의료비, 교육비 및 월세를 지출한 경우 지출금액의 일정부분에 해당하는 금액을 세액공제 받을 수 있으나 수정신고와 함께 성실신고확인서를 제출하는 경우 교육비 공제는 불가능하다(서면법규과-611, 2013.5.30.).

② 성실신고확인의무 위반시 사업자에 대한 가산세 부과 (산출세액의 5%와 사업소득 총수입금액의 0.05% 중 큰 금액) 및 세무조사, 세무사 등에 대한 제재가 있다(소득세법 제81조의 2).

③ 성실신고확인서 제출 등의 납세협력의무를 이행하지 아니한 경우 수시 세무조사대상으로 선정될 수 있다(국세기본법 제81조의 6 제3항).

④ 세무조사 등을 통해 세무대리인이 성실신고확인을 제대로 하지 못한 사실이 밝혀지는 경우 성실신고확인 세무대리인에게 징계 책임이 있다.

⦿ 성실신고확인대상 기준

2019년 성실신고확인대상 기준 수입금액 감액이 예정되어 있었으나 이를 철회하고 현행 유지하는 방향으로 결정되었다. 그러나 내년 이후라도 기준 수입금액이 감액될 수 있기 때문에 항상 유의하여야 한다.

⦿ 법인전환

성실신고확인대상자가 현물출자 등의 방식을 통해 법인으로 전환한 경우, 법인전환 후에도 법인세 신고 시 세무사 등으로부터 성실신고확인서를 발급받아 법인전환한 해의 말일로부터 3년이 되는 날까지 제출하여야 한다.

◎ 성실신고확인서 제출자의 신고·납부기한

성실신고확인서 제출자의 신고·납부기한은 다음 연도 5.31.에서 6.30.까지로 1개월 연장된다. 소득세 신고서를 제출하면 안내해 주는 가상계좌로 이체하거나, 홈택스·손택스에서 신용카드·간편결제 등으로 납부할 수 있으며, 또한 납부서를 출력하여 금융기관에서도 납부할 수 있다. 신용카드 납부대행 수수료(납부세액의 0.8%, 체크카드는 0.5%)는 납세자가 부담한다.

외부조정계산서 첨부대상자

◎ 외부조정계산서 첨부대상자

소득세 과세표준확정신고서에 세무사가 작성한 조정계산서를 첨부하여야 하는 사업자를 말한다. 병·의원의 경우 직전 과세기간의 수입금액이 기준수입금액 1.5억원 이상인 사업자를 말한다. 기준수입금액에 결정·경정으로 증가된 수입금액을 포함하며 사업용 유형자산 처분에 따른 수입금액은 제외한다.

성실납세하시는 귀하께서 대한민국의 영웅입니다.

20□□년 귀속
**종합소득세
확정신고 안내**

5월

Hometax.

외부조정대상자

▶ 신고기간 : 20■■.5.1. ~ 5.31.
▶ 납부기간 : 20■■.5.1. ~ 5.31.

성실납세 하시는 여러분 모두가 대한민국의 숨은 영웅입니다.

기준경비율에 의한 추계 소득금액 계산

◎ 추계신고란?

종합소득과세표준 확정신고는 장부와 증빙서류에 의하여 소득금액을 계산하여 기장신고하여야 하나, 과세표준을 계산할 때 장부와 증빙서류가 없는 경우 추계신고가 가능하다(서면인터넷방문상담1팀-1444).

◎ 기준경비율에 의한 추계 소득금액 계산

기준경비율에 의한 추계 소득금액 계산은 사업자의 급격한 세부담 증가

방지를 위하여 다음과 같이 ①, ② 중 적은 금액으로 한다. 2024.12.31. 까지 ②의 한도를 적용한다.

〈간편장부대상자인 경우〉

구 분	추계 사업소득금액 계산
기준경비율에 의한 사업소득금액	① 총수입금액 - 주요경비* - (총수입금액 × 기준경비율) * 주요경비 = 매입비용 + 임차료 + 인건비 ② {총수입금액 × (1-단순경비율)} × 2.8* * 기획재정부령으로 정하는 배율로서 2020년~2024년 적용

〈복식부기 의무자인 경우〉

구 분	추계 사업소득금액 계산
기준경비율에 의한 사업소득금액	① 총수입금액 - 주요경비* - (총수입금액 × 기준경비율 × 50%) * 주요경비 = 매입비용 + 임차료 + 인건비 ② {총수입금액 × (1-단순경비율)} × 3.4* * 기획재정부령으로 정하는 배율로서 2020년~2024년 적용

주요경비는 재화매입비용, 인건비, 임차료를 말한다. 기준경비율 적용 대상자의 경우 주요경비는 사업관련 경비로서 소득세법 제160조의 2 제2항에 규정하는 정규증빙(계산서, 세금계산서, 신용카드, 현금영수증)을 수취할 경우에만 경비가 인정된다. 그러나 주요경비를 제외한 기타 경비는 기준경비율을 적용하여 소득금액을 계산한다.

구 분	내용	증빙서류
매입비용	재화(상품·제품·원료·소모품 등 유체물과 동력·열 등 관리할 수 있는 자연력)의 매입과 외주가공비 및 운송업의 운반비	세금계산서, 계산서, 신용카드매출전표 (현금영수증 포함) 등 정규 증명서류
임 차 료	사업에 직접 사용하는 건축물, 기계장치 등 사업용 고정자산의 임차료	
인 건 비	• 급여·임금·퇴직급여에 대한 원천징수영수증·지급명세서를 관할 세무서에 제출한 금액 • 원천징수영수증·지급명세서를 제출할 수 없는 경우에는 지급관련 증빙 서류를 비치·보관하고 있는 금액	

인건비는 근로의 제공으로 인하여 지급하는 봉급·급료·보수·세비·임금·상여금·수당과 유사한 성질의 급여로 한다(비과세분 포함). 사용자로서 부담하는 고용보험료, 국민연금보험료, 산재보험료 등과 종업원에게 제공한 식사, 피복 등 복리후생비는 인건비에서 제외한다. 다음과 같은 비용은 매입비용에 포함되지 않는 용역으로 국세청은 예시하고 있다.

① 음식료 및 숙박료

② 창고료(보관료), 통신비

③ 보험료, 수수료, 광고선전비(광고선전용 재화의 매입은 매입비용으로 함)

④ 수선비(수선·수리용 재화의 매입은 매입비용으로 함)

⑤ 사업서비스, 교육서비스, 개인서비스, 보건서비스 및 기타 서비스(용역)를 제공받고 지급하는 금액 등

⑥ 기부금 등 사업과 직접 관련 없는 지출금액(서면1팀-1059, 2005.9.6.)

⊚ 장부작성 의무자가 기준경비율로 사업소득금액을 추계 신고할 경우

직전 연도 총수입금액이 75백만원 이상인 복식부기 의무자가 추계로 해당 연도 사업소득금액을 계산할 경우에는 기준경비율의 50%만 적용한다. 따라서 병·의원 입장에서는 비용인정이 기준경비율의 50%밖에 인정받지 못하므로 종합소득세를 상대적으로 더 많이 내야 한다. 간편장부대상자가 복식부기나 간편장부를 기장하지 않으면 장부를 기장하는 경우보다 장부의 기록·보관 불성실가산세(舊 무기장가산세) 20%를 더 부담하게 된다.

복식기장의무자가 추계 소득금액 계산서에 의하여 종합소득세 신고를 하고 추후 장부 및 증빙에 의하여 경정청구를 할 수 없다(서면법규과 -959, 2014.8.29.).

꼭 알아야 할 가산세

⊚ 복식부기 의무자가 장부를 기장하지 않고 추계 신고할 경우 가산세

직전 연도 총수입금액이 75백만원 이상인 복식부기 의무자가 간편장부 또는 소득금액 추계 신고하는 경우 무신고가산세와 장부의 기록·보관 불성실가산세 중 큰 금액을 가산세로 부담하게 된다. 더구나 조세특례제한법 제128조 제2항 해당 감면배제 등의 불이익이 있다.

> * 무신고가산세 = Max (수입금액의 0.07%, 무신고·납부세액의 20%)

◎ 간편장부대상자가 장부를 기장하지 않고 추계 신고할 경우 가산세

직전 연도 총수입금액이 48백만원 이상인 간편장부대상자가 복식부기나 간편장부를 기장하지 않고 추계 신고할 경우 장부를 기장하는 경우보다 장부의 기록·보관 불성실가산세(舊 무기장가산세) 20%를 더 부담하게 된다. 단, 과세표준 확정신고의무가 면제되는 연말정산한 사업소득만 있는 보험모집인은 소규모 사업자라서 장부의 기록·보관 불성실가산세를 적용받지 않는다.

> * 무기장가산세=(종합소득세 산출세액×무기장 사업소득금액/종합소득금액)×20%

◎ 소규모 사업자란

해당 연도 신규 사업자, 직전 연도 총수입금액이 4,800만원 미달한 사업자 그리고 과세표준 확정신고의무가 면제되는 연말정산한 사업소득만 있는 보험모집인, 방문판매원 및 음료품배달원 등(즉, 사업소득 연말정산자)을 말한다.

병·의원 원장에게 적용되는 소득공제는?

⊚ 소득공제 적용 여부(직장인 vs 병·의원 원장)는?

병·의원업을 운영하는 개인사업자인 원장에게도 기본공제 등 소득공제가 적용된다.

⊚ 인적공제란?

① 기본공제 + 추가공제

② 근로자뿐만 아니라 종합소득이 있는 거주자도 대상이다. 따라서 개인사업자인 원장에게도 적용된다.

⊚ 기본공제 요건

① 기본공제금액: 기본공제 대상자 1인당 1.5백만원

② 나이요건

- 만 20세 이하
- 만 60세 이상
- 배우자는 나이 요건 적용 안함(배우자공제).
- 장애인의 경우 연령요건 적용 안하나 소득요건은 적용

③ 소득요건

- 종합소득금액, 퇴직소득금액, 양도소득금액의 합계액이 1백만원 이하인 자 (분리과세나 비과세된 금액은 제외)

- 근로소득만 있는 경우 총 급여 5백만원(근로소득금액 150만원) 이하

④ 부양가족 기준

- 주민등록등본상 동거가족으로서 본인 주소지에서 현실적으로 생계를 같이하는 사람

부양가족여부	동거	동거 안함
배우자	○	○ (취학, 질병등의 사유로 일시 퇴거)
직계비속	○	○ (취학, 질병등의 사유로 일시 퇴거)
직계존속	○	○ (주거형편)

◎ 연말정산 배우자공제

- 1.5백만원 배우자공제 대상금액임.
- 나이 요건 적용 안함.
- 소득요건만 적용
  - 종합소득금액, 퇴직소득금액, 양도소득금액의 합계액이 1백만원 이하인 자(분리과세나 비과세된 금액은 제외). 따라서 양도소득금액 100만원 이하인 배우자 포함. 그리고 복권 1억원 당첨 만 65세 배우자도 포함
  - 근로소득만 있는 경우 총 급여 5백만원(근로소득금액 150만원) 이하
- 취학, 질병 등의 사유로 일시 퇴거해도 상관없음.
- 별거 중인 배우자 포함
- 이혼한 배우자 제외

⌬ 추가공제

- 근로자뿐만 아니라 종합소득이 있는 거주자도 대상이다. 따라서 개인사업자인 원장에게도 적용된다.
- 부녀자공제와 한부모공제가 중복 적용되면 한부모공제만 적용한다.

구분	요건	추가공제액(1인당)
경로우대자	만 70세 이상	1백만원
장애인	장애인 – 항시 치료를 요하는 중증환자: 지병에 의해 평상시 치료를 요하고 취학, 취업이 곤란한 상태에 있는 자	2백만원
부녀자	종합소득금액 3천만원 이하인 거주자 • 본인이 남편이 있는 여자 • 본인이 남편이 없는 여자로서 자녀등 부양가족이 있는 경우	5십만원
한부모	본인이 배우자가 없고 자녀 혹은 입양자가 있는 경우	1백만원

⌬ 연금보험료 공제

- 대상: 종합소득이 있는 거주자. 따라서 개인사업자인 원장에게도 적용된다.
- 납입한 국민연금보험료 한도 없이 전액 공제
- 단, 연금보험료 합계액이 종합소득금액을 초과 시 그 초과하는 공제액은 없는 것으로 함.

⌬ 특별 소득공제(보험료공제와 주택자금공제)

- 대상: 근로자만 대상이다. 따라서 개인사업자인 원장에게는 적용 안된다. 특별소득공제와 특별세액공제를 신청하지 않은 근로자는 표

준세액공제 12만원을 산출세액에서 공제한다.

- 보험료공제
  - 건강보험료, 고용보험료, 노인장기요양 보험료 근로자부담분을 전액 공제
- 주택자금공제

◎ 신용카드, 현금영수증, 체크카드 연말정산

- 근로자만 대상이다. 따라서 개인사업자인 원장에게는 적용 안된다.
- 일용근로자도 제외된다.
- 소득금액 요건만 충족하면 된다. 따라서 나이요건은 상관없다. 그러므로 20세 초과 자녀 및 60세 미만 직계존속도 포함된다.

◎ 노란우산공제 (소기업·소상공인공제부금: 조세특례제한법 제86조의 3, 동 시행령 제80조의 3) – 병·의원에게 필수적인 소득공제

"노란우산공제"란 소기업·소상공인 폐업, 노령 등 생계위협으로부터 생활안정을 제공하고 사업주 퇴직금 목돈 마련을 위해 운영되는 공제제도이다. 중소기업협동 조합법에 의해 2007년 9월 도입, 현재 중소기업 중앙회가 운영·관리하고 있다.

병·의원과 같은 보건업의 경우 연평균 매출액 10억원 이하 & 상시근로자수가 5명 이하인 경우 가입이 가능하다.

공제 가입 가능금액은 소상공인 당 매월 5만원~100만원이며, 가입시 연간 최대 500만원의 소득공제와 가입일로부터 2년 간 상해보험 지원,

공제금 압류·양도·담보제공 금지, 납부부금 내 대출 등 다양한 혜택도 주어진다. 3년 평균 매출액이 10억원 이하이면서 소기업 및 소상공인 범위에 해당하는 개인사업자 혹은 법인사업자는 노란우산공제를 통해 연간 최대 5백만원의 소득공제를 받을 수 있다.

연간 납입액의 소득공제 최대한도는 500만원이며, 한도 별 세액절감 효과는 아래와 같다.

(단위 : 원)

구 분	사업(근로) 소득금액	공제한도	예상세율 (지방소득세 포함)	세액 절감효과
개인 /법인	4천만원 이하	500만원	6.6~16.5%	330천원~825천원
개인	4천만원 초과 1억원 이하	300만원	16.5~38.5%	495천원~1,155천원
법인	4천만원 초과 7천만원 이하			
개인	1억원 초과	200만원	38.5~49.5%	770천원~990천원

가입은 소상공인이 중소기업중앙회 또는 14개 시중은행, 노란우산공제 홈페이지(www.8899.or.kr)에서 할 수 있다. 합리적인 사유 없이 사업기간 도중에 노란우산공제를 해지하면 16.5%의 기타소득세를 부담해야 한다. 따라서 노란우산공제의 해지는 신중해야 한다.

병·의원 원장에게 적용되는 세액공제는?

◎ 세액공제 적용 여부

병·의원업을 운영하는 개인사업자인 원장에게도 자녀세액공제 등 세액공제가 적용된다. 사업소득만 있는 경우에는 병·의원업의 기부금세액공제 적용 안되면 필요경비로 처리해야 한다.

◎ 자녀세액공제

① 기본공제대상자 중 8세 이상의 자녀(입양자 및 위탁아동 포함)에 대해 세액공제한다. 2024년부터 공제대상에 손자녀도 추가되었다.

공제대상 자녀 수	세액 공제
1명	15만원
2명	35만원
3명 이상	35만원+2명 초과 인원×30만원

* 3명: 65만원, 4명: 95만원, 5명: 125만원

② 출산·입양 공제대상 자녀: 해당 과세기간에 출산하거나 입양 신고한 공제대상 자녀가 있는 경우 첫째 30만원, 둘째 50만원, 셋째 이상인 경우 연 70만원을 종합소득 산출세액에서 공제한다.

⊙ IRP세액공제 – 병·의원에게 필수적인 세액공제

개인형IRP

종합소득금액이 45백만원을 초과하는 병·의원 원장일 경우 매년 900만원을 IRP계좌에 입금할 경우 13.2%(지방소득세 포함)에 해당하는 1,188,000원을 세액공제 받을 수 있다.

□ 세액공제 대상 납입한도 확대 및 종합소득금액 기준 합리화

ㅇ 연금저축 + 퇴직연금

총급여액 (종합소득금액)	세액공제 대상 납입한도 (연금저축 납입한도)	세액 공제율
5,500만원 이하 (4,500만원)	900만원 (600만원)	15%
5,500만원 초과 (4,500만원)		12%

⊙ 의료비 세액공제를 받을 수 있는 대상은?

① 수입금액 5억원 이상 성실신고확인대상사업자로서 성실신고확인서를 제출한 사업자

② 조세특례제한법상 성실사업자

③ 직장인

ⓖ 의료비 세액공제 금액은?

적용 대상 의료비* 합계 × 15% (미숙아 및 선천성 이상아 등은 20%, 30%는 난임시술비)

위의 적용 대상 의료비*는 다음과 같이 계산한다.

특정의료비(본인 + 65세 이상 경로우대자 + 장애인) + 일반의료비
[Min(의료비 − 총사업소득금액 × 3%, 7백만원)]

구분	세액공제대상 금액 한도	세액공제율
일반기본공제대상 의료비	연 7백만원 한도	15%
본인 + 65세 이상 경로우대자 + 장애인의료비	한도 없음	15%
미숙아·선천성이상아	한도 없음	20%
난임시술비	한도 없음	30%

ⓖ 의료비 세액공제 대상이 되는 기본공제 대상자 요건 적용 여부

구분	포함	불포함
나이 요건		★
소득 요건		★

◎ 교육비 세액공제를 받을 수 있는 대상은?

① 수입금액 5억원 이상 성실신고확인대상사업자로서 성실신고확인서를 제출한 사업자

② 조세특례제한법상 성실사업자

③ 직장인

◎ 교육비 세액공제금액

본인 및 부양가족의 세액공제 대상이 되는 교육비 × 15%(세액공제율)

◎ 교육비 세액공제를 받을 수 있는 기본공제 대상자 요건

구분	포함	불포함
나이 요건		★ (즉, 교육비 세액공제는 나이요건 충족 안해도 됨)
소득 요건	★ (예외: 장애인은 소득요건도 적용 안함)	

◎ 부양가족 1인당 교육비 한도(해외 유치원, 초중고, 대학교 교육비 포함)

구분	포함(1인당 한도)	불포함
대학원		★
대학교	★ (900만원)	
유치원, 초중고 교육비	★ (300만원)	
초중고 체험학습비	★ (학생 1명당 연 30만원)	

구분	포함(1인당 한도)	불포함
중고 교복구입비	★ (1인당 연 50만원)	
초등학교 교복구입비		★
초중고 학원비		★
취학전 학원비와 급식비	★ (300만원)	
학자금대출 상환액		★
대학입학전용료, 수능응시료	★	

◎ 해외 교육비

● 세액공제대상에는 해외교육비도 포함됨.

◎ 월세 세액공제를 받을 수 있는 대상은?

① 수입금액 5억원 이상 성실신고확인대상사업자로서 성실신고확인서를 제출한 사업자는 연 750만원 한도 내에서 지출한 금액을 소득세에서 세액공제 가능하다.

② 직장인

◎ 표준세액공제

근로소득이 없는 거주자로서 종합소득이 있는 사람은 70,000원의 세액공제를 한다. 종합소득이 있는 거주자로서 성실신고사업자에 대한 의료비 등 세액공제를 신청하지 않은 경우에는 연 12만원의 표준세액공제를 받을 수 있다.

◎ 보험료 세액공제를 받을 수 있는 대상은?

① 직장인: 해당

② 조세특례제한법상 성실사업자: 해당 안됨

③ 성실신고확인대상사업자로서 성실신고확인서를 제출한 사업자: 해당 안된다. 따라서 개인사업자인 병·의원의 원장도 해당되지 않는다.

◎ 기부금 세액공제

병·의원업 사업소득만 있으면 기부금 세액공제는 받을 수 없다. 대신에 해당 기부금은 사업소득금액 계산 시 필요경비에 산입할 수 있다.

① 특례기부금(법정기부금) 한도: 소득금액의 100%, 10년간 이월공제 가능

② 일반기부금(지정기부금) 한도: 소득금액의 30%(단, 종교 단체는 10%), 10년간 이월공제 가능

병·의원
양수도

일반사업양수도(조세 지원 없음)

◎ 사업양수도 개요

　상법상의 영업양도는 일정한 영업목적에 의하여 조직화된 업체, 즉 인적·물적 조직을 그 동일성은 유지하면서 일체로서 이전하는 것을 의미하고, 영업양도가 이루어졌는가의 여부는 단지 어떠한 영업재산이 어느 정도로 이전되어 있는가에 결정되어야 하는 것은 아니고 거기에 종래의 영업조직이 유지되어 그 조직이 전부 또는 중요한 일부로서 기능할 수 있는가에 의하여 결정되어야 하므로, 영업재산의 일부를 유보한 채 영업시설을 양도했어도 그 양도한 부분만으로도 종재의 조직이 유지되어 있다고 사회관념상 인정되면 그것을 영업의 양도라 볼 수 있다(대법원 2009.1.15. 선고 2007다17123, 17130 판결 등 참조).

◎ 사업양수도 결정시 중요 고려 사항

구분	비고
양수도 대상 자산 및 부채결정	① 직전 사업연도 자료 검토 필요 ② 자산의 실재여부 ③ 가공자산 및 부외부채의 존재 여부 ④ 양도자의 체납세금 존재 여부 확인: 납세사실증명서, 국세완납증명서, 지방세완납증명서 발급 및 확인
대출승계 가능 여부	해당 금융기관과 확인
직원승계 여부 확인	① 퇴직금충당부채, 퇴직연금 확인 ② 퇴직금 승계 여부 확인
영업권 평가 여부	특허권, 상표권을 포함하여 평가

구분	비고
명의 이전 필요한 기계와 차량 등 확인	관할구청 등록물건
양수자가 동일 상호를 계속 사용할 지 여부	선수진료비에 대한 책임을 양도자가 부담할 지 양수자가 부담할 지 여부
우발손실에 대한 책임	병·의원을 양수한 후 발생할 수 있는 양도인이 인수 전 진료했던 환자가 양수인이 인수 후 불만 및 의료소송을 제기할 경우 누가 책임을 부담할 것인지 여부
양도자의 경업금지의무	양도한 병원 원장이 인수한 병·의원의 근처에서 다시 개원하지 않도록 해야 한다.

◎ 사업양수도 전 개인기업(병·의원) 결산 시 핵심 체크 사항

① 자산 및 부채의 현실화

② 가지급금 및 가수금 정리

③ 고정자산 상각

④ 종업원 퇴직금

⑤ 미지급소득세

◎ 영업권 평가 후 사업양수도 시 절세 효과

① 일반적으로 영업권이라 함은 그 기업의 전통, 사회적 신용, 그 입지 조건, 특수한 제조기술 또는 특수거래관계의 존재 등을 비롯하여 제조 판매의 독립성 등으로 동종의 사업을 영위하는 다른 기업이 올리는 수익보다 큰 수익을 올릴 수 있는 초과 수익력이라는 무형의 재산적 가치를 말한다(대법원 2004.4.9. 선고 2003두7804 판결 등).

② 영업권은 양수도 자산과는 별개로 영업상의 비법, 명성, 거래선, 지리적 여건 등을 감안하여 적절한 평가방법에 따라 유상으로 취득한 금액이다.

③ 「영업권」이란 "사업의 양도·양수과정에서 양도·양수자산과는 별도로 양도사업에 관한 인가·허가등 법률상의 지위, 사업상의 편리한 지리적 여건, 영업상의 비법, 신용·명성·거래선 등 영업상의 이점 등을 감안하여 적절한 평가방법에 따라 유상으로 취득한 금액"을 말하는 것이며, 특수관계 있는 자로부터 영업권을 적정대가를 초과하여 취득한 때에는 법인세법 제52조의 "부당행위계산의 부인" 규정을 적용한다(법인 46012-3591, 1999.9.29.).

④ 개인사업자가 그 사업을 양도하는 경우 영업권(점포임차권 포함)의 양도로 인하여 발생하는 소득은 소득세법 제21조 제1항 제7호 및 같은 법 시행령 제41조에 의하여 기타소득에 해당한다. 다만, 사업용 고정자산(토지, 건물, 부동산을 취득할 수 있는 권리, 지상권, 전세권과 등기된 부동산임차권)과 함께 양도하는 경우에는 같은 법 제94조 제1항 제4호에 의하여 양도소득에 해당한다(소득세과-313, 2013.5.20.).

⑤ 사업용자산과 별개로 양도하는 영업권은 기타소득, 필요경비를 증빙 없이 60%까지 인정되므로 절세효과가 상당하다. 따라서 영업권 평가를 당연히 고려해야 한다. 기타소득에 해당하는 영업권을 양도하고 대금을 5년간 분할하여 지급받는 경우, 영업권 양도로 인한 기타소득의 수입시기는 양도대금이 확정된 경우, 그 대금을 청산한 날, 자산을 인도한 날 또는 사용·수익일 중 빠른 날인 것이며, 원천징수 시기는 기타소득을 지급할 때에 원천징수해야 한다(소득세과-175, 2014.4.3.). 즉, 기타소득에 해당하는 영업권의 양도를 특수관계인으로부터 시가보다

높은 가격으로 자산을 매입하거나 특수관계인에게 시가보다 낮은 가격으로 자산을 양도한 경우 시가의 산정에 관하여는 법인세법 시행령 제89조 제1항 및 제2항을 준용한다. 즉, 시가, 감정평가액 그리고 상속세 및 증여세법 제38조·제39조·제39조의 2·제39조의 3, 제61조부터 제66조까지의 규정을 준용하여 평가한 가액을 순차대로 적용한다(소득세법 시행령 제98조 제3항).

⑥ 전환법인의 경우 5년간 영업권을 감가상각비로 상각할 수 있어 법인세 절감 효과가 존재한다. 영업권을 장부상에 자산으로 계상하고 내용연수에 따라 감가상각비를 계상한 경우에는 필요경비에 산입할 수 있는 것이며, 내용연수는 5년으로 한다(소득세과-732, 2010.6.28.).

개별자산의 양수도의 경우 권리금(영업권) 과세 문제

◎ 개별자산 양수도의 경우 권리금 과세 문제

개인사업자의 건물 등 부동산을 그대로 두고 의료기기 등 일부 자산만 양수인에게 사업양수도 하는 경우를 말한다. 영업권을[19] 사업용 고정자산(토지, 건물, 부동산을 취득할 수 있는 권리, 지상권, 전세권과 등기된 부동산임차권 등 「소득세법」 제94조 제1항 제1호 및 제2호의 자

---

19) 부동산 권리금의 형태로 병원 영업권이 부동산의 양수도가액에 반영된다. 따라서 양도자는 양도소득으로 과세하게 된다. 반면에 양수자는 부동산 취득가액으로 반영된다.

산을 말함)과 함께 양도하는 경우에는 같은 법 제94조 제1항 제4호의 규정에 의하여 양도소득에 해당하는 것이며 사업용 고정자산과 함께 양도되지 않는 영업권 양도는 소득세법 제21조 제1항 제7호의 기타소득에 해당한다(부동산거래관리과-0653). 사업용 고정자산과 함께 양도되지 않는 영업권의 양도는 기타소득에 해당하므로 양도가액의 최대 60%를 필요경비로 인정받을 수 있다. 따라서 나머지 40%에 대해서만 종합소득세를 부담하게 되어 세부담이 줄어들 수 있다.

개인사업자인 병원장 A가 개인사업자인 병원장 B에게 영업권을 받았을 경우 법인을 양수자인 개인사업자로 보면 된다.

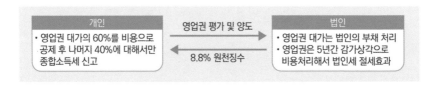

구분	양도자(개인사업자)	양수자(개인사업자)
자금	영업권 대가 수령	영업권 대가 지급
원천징수여부	① 기타소득으로 8.8%가 원천징수 공제 후 금액을 양수자로부터 수취 ② 원천징수세액은 종합소득세 신고 시 산출세액에서 기납부세액으로 공제	① 기타소득으로 8.8%를 원천징수 공제 후 금액을 양도자에게 지급 ② 원천징수 하지 않으면 가산세 부과
신고·납부	다음 연도에 권리금 기타소득금액이 3백만원 초과하면 종합소득에 합산하여 신고하고 원천징수세액은 기납부세액으로 공제	영업권 양수대가를 지급하는 날의 다음 달 10일까지 원천징수세액을 신고·납부
권리금	기타소득금액이 3백만원 초과하면 익년도 종합소득세 신고 시 합산신고	5년간 균등하게 비용 처리해서 종합소득세를 절세

구분	양도자(개인사업자)	양수자(개인사업자)
차량, 비품, 의약품, 의료기기 등의 양도금액	① 유형자산 처분에 해당되어 양도자의 사업소득의 수입 금액에 합산 ② 유형자산의 장부가액은 필요경비에 합산	유형자산의 취득가액을 장부에 기장한다.

◎ 개별자산 양수도와 부가가치세 과세문제 – 계산서(세금계산서) 발급여부

양도자(개인사업자)	양수자(개인사업자)
① 면세사업자 일반 의약품 및 의료기기, 권리금에 대해서 계산서를 발급한다. 단, 부가가치세에 해당하는 10%의 금액을 계산서에 포함하지 않는다.	① 면세사업자 일반 의약품 및 의료기기, 권리금에 대해서 계산서를 발급한다. 단, 부가가치세에 해당하는 10%의 금액을 계산서에 포함하지 않는다.
② 성형외과 등 과세사업자 과세사업에 사용된 일반 의약품 및 의료기기, 권리금에 대해서 세금계산서를 발급한다. 따라서 부가가치세에 해당하는 10%의 금액을 세금계산서에 포함한다.	② 성형외과 등 과세사업자 과세사업에 사용된 일반 의약품 및 의료기기, 권리금에 대해서 세금계산서를 발급한다. 따라서 부가가치세에 해당하는 10%의 금액을 세금계산서에 포함한다.

◎ 영업권을 양도하고 대금을 분할하여 지급받는 경우 기타소득의 수입시기 및 원천징수 시기는 언제인가요?

영업권을 양도하는 기타소득의 수입시기는 양도대금이 확정된 경우 대금을 청산한 날, 자산을 인도한 날 또는 사용·수익일 중 빠른 날입니다. 영업권을 양수한 자는 영업권의 대가를 지급할 때 원천징수한다. 다만 기타소득이 발생하였으나 지급되지 않고 기타소득이 종합소득에 합산되어 과세된 경우에는 소득을 지급할 때 원천징수하지 않는다(소득 -175, 2014.4.3.).

⊚ 기타소득 및 양도소득의 부당행위계산 시의 시가관련 근거 법령

구분	소득세법	준거법	감정가액
기타소득의 부당행위계산 시 시가	소득세법 시행령 제98조 제3항	법인세법 시행령 제89조 제1항 및 제2항	• 원칙: 감정가액 • 예외: 2개 이상의 감정가액이 있으면 그 평균액
양도소득의 부당행위계산 시 시가	소득세법 시행령 제167조 제5항	• 상속세 및 증여세법 제60조~제66조 • 상증세법 시행령 제49조~제63조	• 원칙: 2개 이상의 감정가액 평균액 • 예외: 기준시가 10억 이하 부동산은 1개 이상 감정가액 평균액

법인세법 시행령 제89조 제2항에 따른 시가 적용순서는 다음과 같다.

❝ 법인세법 시행령 제89조 제2항에 따른 시가 적용순서 ❞

• 불특정다수인과 계속적으로 거래한 가격
• 제3자 간에 일반적으로 거래된 가격

• 감정평가법인 등이 감정한 가액이 있는 경우 그 가액
• 감정가액이 2개 이상인 경우에는 평균액

• 상증법 제38조, 제39조, 제39조의 2, 제39조의 3, 제61조~제66조를 준용하여 평가한 가액
• 2개 이상의 감정가액 평균액이 원칙이나, 기준시가 10억원 이하 부동산은 1개 이상의 감정평가액 가능

포괄 사업양수도

◎ 포괄 사업양수도 – 성형외과 등의 과세사업은 부가가치세 면제

'사업의 포괄적 양도'라 함은 사업용 자산을 비롯한 물적·인적시설 및 권리, 의무 등을 포괄적으로 양도하고 사업의 동질성을 유지하면서 경영주체가 개인에서 다른 개인으로 전환되는 행위를 말한다(재산 46014-695, 2000.6.7. 수정). 사업용 자산이란 개인의 사업용으로 제공되어 소득발생의 원천이 되는 자산을 말한다(재일 46014-641, 1999.4.1.). 그리고 부가가치세법 제6조의 규정에 의해 재화의 공급으로 보지 아니하는 사업의 양도에 해당하는 경우에는 소득세법 제163조의 규정에 의한 계산서를 교부하지 아니할 수 있다(소득 46011-21102, 2000.8.25.).

부가가치세법 제6조 제6항에서 사업을 양도하는 것은 부가가치세 과세대상인 재화의 공급으로 보지 않는다고 규정하고, 그 위임에 따른 구 부가가치세법 시행령(2010.12.30. 대통령령 제22758호로 개정되기 전의 것) 제17조 제2항은 "법 제6조 제6항 제2호에서 '대통령령이 정하는 것'이라 함은 사업장별로 그 사업에 관한 모든 권리와 의무를 포괄적으로 승계시키는 것을 말한다. 이 경우 그 사업에 관한 권리와 의무 중 다음 각 호의 것을 포함하지 아니하고 승계시킨 경우에도 해당 사업을 포괄적으로 승계시킨 것으로 본다."고 규정하면서 그 제3호에서 '당해 사업과 직접 관련이 없는 토지·건물 등에 관한 것으로서 기획재정부령이 정하는 것'을 들고 있다.

여기서 말하는 '사업의 양도'라 함은 사업용 재산을 비롯한 인적·물적 시설 및 권리의무를 포괄적으로 양도하여 사업의 동일성을 유지하면서 경영주체만을 교체시키는 것을 뜻한다고 할 것이므로, 그 사업은 인적· 물적시설의 유기적 결합체로서 경영주체와 분리되어 사회적으로 독립성을 인정받을 수 있어야 하고, 양도대상이 단순한 물적시설이 아니라 이러한 유기적 결합체라는 사실은 부가가치세에 있어서 과세 장해 사유로서 그에 대한 증명책임은 납세의무자가 진다(대법원 1998.7.10. 선고 97누12778 판결 ; 대법원 2014.1.16. 선고 2013두18827 판결 등 참조)(서울고등법원-2015-누-30175, 2015.11.11.).

기존 개인사업자 사업장은 부동산이 없었고 월세로 사업장을 운영하고 있고 사업양수도 시 보유 재산이나 동산이 없지만 사업장 보증금, 거래처의 매출·매입의 잔액, 화물차, 거래처, 직원 등 모든 것을 다른 개인사업자에게 양도하였다면 포괄 양수도에 해당한다.

조세지원 없는 포괄 사업양수도를 할 때 주의할 점은 부가가치세 과세를 받지 않도록 하는 것이다. 부가가치세법상 재화의 공급으로 보지 않는 사업의 양도(부가가치세법 시행령 제23조)는 사업장별(「상법」에 따라 분할하거나 분할 합병하는 경우에는 같은 사업장 안에서 사업부문별로 구분하는 경우를 포함한다)로 그 사업에 관한 모든 권리와 의무를 포괄적으로 승계시키는 것(「법인세법」 제46조 제2항 또는 제47조 제1항의 요건을 갖춘 분할의 경우 및 양수자가 승계 받은 사업 외에 새로운 사업의 종류를 추가하거나 사업의 종류를 변경한 경우를 포함한다)을 말한다. 이 경우 그 사업에 관한 권리와 의무 중 다음 각 호의 것을 포함하지 아니하고 승계시킨 경우에도 그 사업을 포괄적으로 승계시킨 것으로 본다.

① 미수금에 관한 것

② 미지급금에 관한 것

③ 해당 사업과 직접 관련이 없는 토지·건물 등에 관한 것으로서 기획재정부령으로 정하는 것

예를 들면, 재화의 공급으로 보지 아니하는 사업의 양도는 사업장별로 그 사업에 관한 모든 권리와 의무를 포괄적으로 승계시키는 것으로 부동산임대업에 사용하던 오피스텔 및 임대보증금 등 임대사업에 관련된 모든 권리와 의무를 포괄적으로 승계시킨 경우 부가가치세법 제10조 제8항 제2호의 규정에 의한 사업양도에 해당한다(서면-2015-부가-0936 [부가가치세과-2006], 2015.11.25.).

따라서, 사업을 포괄적으로 양도·양수하는 과정에서 사업장의 이동이 있는 경우에도 사업양도의 요건을 충족하는 경우에는 사업의 양도로 보는 것이므로 사업장 이전이 사업의 포괄 양수도의 결격사유는 아니다.

또한, 사업의 포괄적양도는

① 사업의 양도 시 토지, 건물이 양도자의 자산, 부채이면 그 토지, 건물을 포함하여 양도하는 것이나 동법 시행령 제17조에 의하여 당해 사업과 직접 관련이 없는 토지, 건물은 제외가 가능하며

② 양도자의 사업장이 임차사업장이면 그 사업장의 임대차 권리를 포함하여 포괄적 양도가 가능하다(부가가치세과-1053, 2010.8.12.).

그리고 재화의 공급으로 보지 아니하는 사업의 양도라 함은 사업장별로 사업용 재산을 비롯한 물적·인적시설 및 권리의무 등을 포괄적으로

양도하여 사업의 동일성을 유지하면서 경영주체만을 교체시키는 것을 말하고(대법원 1999.5.14. 선고 97누12082 판결 ; 대법원 2003.1.10. 선고 2002두8800 판결 등 참조), 여기에 해당하는 경우라면 종전의 종업원이 그대로 인수 인계되지 아니하였다고 하여도 사업의 양도로 인정하는 데에 장애가 될 수 없다(대법 2006두446, 2008.2.29.).

부가가치세법 제6조 제6항의 규정에 의한 사업의 양도는 사업장별로 그 사업에 관한 모든 권리(미수금에 관한 것을 제외)와 의무(미지급금에 관한 것을 제외)를 포괄적으로 승계시키는 것으로, 사업의 동일성을 상실하지 아니하는 범위 내에서 은행차입금 등의 일부 부채를 제외하여도 사업양도로 보는 것이나 이에 해당하는지 여부는 계약내용, 거래형태 등 거래내용을 종합하여 판단하여야 할 사항이다(서면3팀-2631, 2007.9. 19.). 그리고 부가가치세법 제6조 제6항 제2호의 사업을 양도하는 것이란 사업장별로 그 사업에 관한 모든 권리와 의무를 포괄적으로 승계시키는 것을 말하는 것으로 미수금·미지급금에 관한 것과 부가가치세법 시행규칙 제8조의 3의 사업과 직접 관련이 없는 토지·건물 등에 관한 것은 사업양도시 제외하여도 사업의 양도로 볼 수 있다(부가 46015-374, 2001.2.23.).

◎ 사업의 포괄 양도·양수인 경우 소득세 및 부가가치세 과세 문제

① 의료기계 및 비품, 시설장치의 처분은 유형자산 처분에 해당되어 양도자의 사업소득금액으로 과세되나, 영업권에 해당되는 권리금은 기타소득으로 종합소득세를 납부하여 한다. 부동산 등 사업용 고정자

산과 함께 양도 시에는 양도소득세를 과세한다.

② 사업의 포괄 양도·양수 시 부가가치세 과세대상에서 제외된다.

③ 사업의 포괄 양도·양수 시 기존직원을 그대로 인수하는 경우, 퇴직금 정산문제가 발생한다. 예를 들어, 양수 사업자가 퇴직금을 전액 부담하는 상황이 발생할 수 있다.

[해결 방안1] 양도자가 기존 직원의 양도시점까지의 퇴직금을 직원에게 중간정산 해주는 방법으로 해결한다.

[해결 방안 2] 양도자가 기존 직원의 양도시점까지의 퇴직금을 양수자에게 지급하는 방법으로 해결한다.

구분	양도자(개인사업자)	양수자(개인사업자)
자금	영업권 대가 수령	영업권 대가 지급
원천징수여부	① 기타소득으로 8.8%가 원천징수 공제 후 금액을 양수자로부터 수취 ② 원천징수세액은 종합소득세 신고 시 산출세액에서 기납부세액으로 공제	① 기타소득으로 8.8%를 원천징수 공제 후 금액을 양도자에게 지급 ② 원천징수 하지 않으면 가산세를 부과받는다.
계산서/ 세금계산서	포괄적 사업양·수도의 경우 계산서(세금계산서)를 발급하지 않는다. 대신에 계약서와 통장사본(지급 증빙)으로 대체한다.	포괄적 사업양수도의 경우 계산서(세금계산서)를 수취하지 않는다. 대신에 계약서와 통장사본(지급 증빙)으로 대체한다.
신고·납부	다음 연도에 기타소득금액을 종합소득에 합산하여 신고하고 원천징수세액은 기납부세액으로 공제	영업권 양수대가를 지급하는 날의 다음 달 10일까지 원천징수세액을 신고·납부
권리금(영업권)	기타소득금액이 3백만원 초과하면 종합소득세 신고 시 합산신고	5년간 균등하게 비용 처리해서 종합소득세를 절세
차량, 비품, 의료기기 등의 양도금액	① 사업소득의 수입금액에 합산 ② 장부가액은 필요경비 합산	인수한 자산의 취득가액을 장부에 반영한다.
통합고용세액공제	-	기존직원 승계 시 적용되지 않는다.

병·의원 폐업의 경우 신고기한

⊚ 폐업신고

폐업신고서를 작성하고 사업자등록증을 첨부해서 관할 세무서에 제출하면 된다. 국세청 홈택스를 통해서도 폐업신고가 가능하다.

⊚ 폐업에 따른 부가가치세 확정 신고 – 일반과세사업자

① 원칙

개인사업자는 반기별로 7.25. 또는 다음해 1.25.까지 부가가치세를 신고해야 한다.

② 폐업

사업자는 각 과세기간에 대한 과세표준과 납부세액 또는 환급세액을 폐업하는 경우 제5조 제3항에 따른 폐업신고서에 기재된 폐업일이 속한 달의 다음 달 25일 이내에 대통령령으로 정하는 바에 따라 납세지 관할 세무서장에게 신고하여야 한다(부가가치세법 제49조 제1항). 예를 들면, 5월 중에 폐업하게 되면 6월 25일까지 신고해야 한다. 포괄적 사업양수도의 경우 부가가치세법 시행규칙 별지 제31호 서식의 "사업양도신고서"를 부가가치세 확정신고서와 같이 제출하여야 한다.

⊚ 사업장현황신고기한 - 면세사업자

① 폐업일이 속하는 사업연도의 다음 연도 2월 10일까지 신고해야 한다.

② 계산서는 매출계산서합계표(양수자는 매입계산서합계표)에 포함해서 신고해야 한다.

⊚ 원천징수이행상황신고서 제출기한

① 폐업일이 속하는 날의 다음 달 10일까지 제출해야 한다.

② 반기별 납부자의 경우에도 폐업일이 속하는 날의 다음 달 10일까지 제출의무

⊚ 지급명세서 제출기한

① 원칙

사업주가 근로자에게 급여를 지급하는 경우 다음 해 3월 10일까지 지급명세서를 국세청에 제출해야 한다. 일용직의 경우는 지급명세서를 급여를 지급한 달의 다음 달 말일까지 국세청에 제출해야 한다. 단, 사업주가 폐업을 할 경우 아래와 같다.

- 폐업일이 속하는 날의 다음다음 달 말일까지 제출해야 한다.
- 일용직의 경우 폐업일이 속하는 날의 다음 달 10일까지 제출해야 한다.

◎ 종합소득세 신고·납부기한

폐업일이 속하는 날의 다음 연도 5월 31일(6월 30일)까지 신고·납부 해야 한다. 예를 들면, 2024.2.30. 폐업하더라도 2025.5.1.~2025.5.31. 사이의 기간에 신고를 하면 된다.

◎ 4대 보험 상실신고

폐업 사유 발생일로부터 14일 이내 사업장 탈퇴신고 및 직장 가입자 자격상실신고서를 제출한다. 단, 국민연금은 사유 발생일이 속하는 달의 다음 달 15일까지 사업장 탈퇴신고 및 직장가입자 자격상실신고서를 제 출한다. 사업주 및 근로자는 직장보험가입자에서 지역보험 가입자로 전 환된다. 사업주는 건강보험료를 감액하기 위해 홈택스에서 "폐업사실증 명서"를 발급받아서 국민연금공단과 건강보험공단에 제출한다. 그렇지 않으면 보험료가 조정되지 않아서 불이익을 받을 수 있다.

병·의원을 인수한 양수자의 세무처리는?

◎ 권리금 원천징수

① 기타소득으로 8.8%를 원천징수 공제 후 금액을 양도자에게 지급한다.

② 양수자가 원천징수하지 않으면 가산세를 부과받는다.

◎ 영업권 감가상각

양수도계약서에 반영된 권리금을 "영업권"이라는 자산으로 장부에 계상한다. 해당 영업권을 5년간 균등하게 감가상각하는 방법으로 비용 처리해서 종합소득세를 절세한다.

◎ 인수한 중고자산 감가상각

① 양수도 계약서상의 자산 별 명세서를 기준으로 인수한 자산의 취득가액을 장부에 반영한다.

② 내용연수가 50% 경과한 세법상 중고자산의 경우 내용연수를 단축할 수 있다. 따라서 인수한 첫 해 비용을 많이 계상하고자 할 경우 인

수한 자산의 내용연수를 단축하는 방법을 검토해 볼 수 있다.

③ 시가를 산정하기 어려운 기계장치·공구·기구 및 비품의 가액은 「상속세 및 증여세법」 제62조 제1항 및 「같은법 시행령」 제52조 제1항의 규정에 의하여 당해 재산을 처분할 경우 다시 취득할 수 있다고 예상되는 가액에 의하되, 그 가액이 확인되지 아니하는 경우에는 장부가액(취득가액에서 감가상각비를 차감한 가액을 말함) 및 「지방세법 시행령」 제80조 제1항의 규정에 의한 시가표준액에 의한 가액을 순차로 적용한 가액으로 평가함이 타당하다(서면4팀-1077, 2005.6.28.). 따라서 유형자산의 잔존가치가 없는데도 불구하고 양도자와 양수자가 임의적으로 가치가 있는 것으로 평가할 경우 양수자가 장부에 계상한 취득가액은 부인당할 수도 있다. 그러므로 유형자산을 임의적으로 평가하지 말고 감정평가사를 통해서 평가하는 것이 바람직하다.

병·의원 세액공제 정부 지원

통합투자세액공제 (조특법 제24조)

❝ 통합투자세액공제가 병원 원장인 나와 무슨 상관이 있을까? ❞

인천 송도국제도시에서 성형외과를 개원한 A원장은 초기 투자비용에 대한 세금 공제를 제대로 받지 못해서 약 3천만원의 추가 세금을 납부해야 했다. A원장은 수도권 과밀억제권역 밖에 소재하는 병·의원도 중소기업에 해당돼서 신규로 구입한 의료기기에 대해서 10%의 통합투자세액공제를 적용받을 수 있다는 것을 몰랐기 때문이다. 병·의원의 소재지가 수도권 과밀억제권역인지 여부에 따라 다음과 같이 통합투자세액공제 적용 여부가 다음과 같이 달라진다. 단, 중고 의료기기 및 운용리스 의료기기, 비품, 토지와 건축물은 통합투자세액공제가 적용되지 않는다.

❝ 의료장비 구입금액이 5억원일 경우 5천만원을 통합투자세액공제 받을 수 있다. 단, 공제받은 금액의 20%인 1천만원은 농어촌특별세로 납부해야 한다. ❞

구분	수도권 과밀억제권역	수도권 과밀억제권역 밖
신규투자	X	O
증설투자	X	O
대체투자	O	O

ⓖ 통합투자세액공제의 주요 내용

구분	내용				
대상	사업용 유형자산 등에 대한 투자				
공제율	기업 규모별 차등				

구 분(%)	기본			추가*
	대	중견	중소	
일반	1	5	10	3
신성장·원천기술사업화 시설	3	6	12	
국가전략기술사업화 시설	15		25	4

*(당해연도 투자액-직전 3년 평균 투자액)

구분	내용
적용기한	2024.12.31. (2027.12.31.까지 연장 예정)

ⓖ 공제대상업종은?

중소기업에 해당되는 병·의원도 해당된다.

- 기업이 기계장치 등 사업용 자산을 구입할 경우 투자금액의 일부를 법인세나 소득세에서 공제(중고품, 리스투자 제외)
- 소비성서비스업과 부동산 임대 및 공급업을 제외한 모든 업종에 공통 적용

ⓖ 사업용 자산의 범위는?

신규의료기기가 대상이다. 중고 의료기기 및 운용리스 의료기기 그리고 비품은 통합투자세액공제가 적용되지 않는다. 토지와 건축물도 적용 안된다.

통합고용세액공제

◉ 병·의원에도 적용되는 통합고용세액공제란(조세특례제한법 제29조의 8)?

❝ 수도권 병·의원이 25세 근로자 1인 추가 고용 시 3년간 통합고용세액공제 총 4,350만원 ❞

❝ 신규 일용직 페이닥터는 통합고용세액공제 대상이 아니다 ❞

❝ 포괄적 사업양수도의 경우 기존 직원을 승계하면 신규 직원 채용이 아니므로 통합고용세액공제가 적용되지 않는다. ❞

병·의원의 소재지가 수도권인지 여부에 따라 다음과 같이 통합고용세액공제의 기본공제액이 달라진다.

(현행)

구분	내용				
대상	상시근로자 - 1년 미만 기간제, 초단시간(주 15시간↓) 제외				
기본공제 (청년은 15~34세)	구 분	공제액 (단위:만원)			
		중소 병·의원(3년)		중견 (3년)	대 (2년)
		수도권	지방		
	청년 정규직, 장애인, 60세 이상, 경력단절여성 등	1,450	1,550	800	400
	그 외 상시근로자	850	950	450	–

구분	내용
사후관리	공제 후 일정기간* 고용유지 의무 – 공제 후 2년 이내 상시근로자 수가 감소 시 공제액 상당 분 추징 * 최초 공제연도부터 2~3년간

추가공제		공제액 (단위:만원)	
	구 분	**중소 병·의원**	**중견**
	정규직 전환자(1년 지원)	1,300	900
	육아휴직 복귀자(1년 지원)		

추가공제
– 전체 상시근로자 수가 미감소 시에 적용
– 전환일·복귀일로부터 2년 이내 해당 근로자와의 근로관계가 종료되면 공제액 상당 분 추징
– 적용기한:
① 정규직 전환 2024.12.31.
② 육아휴직 복귀자 2025.12.31.

✓ 통합고용세액공제는 중소기업 특별감면과 중복 적용 가능하다.

✓ 통합고용세액공제를 받은 경우 감면 받은 세액의 20%에 대해 농어촌 특별세가 부과된다.

✓ 외국인 고용을 중대시킨 경우 통합고용세액공제를 받을 수 없다.

✓ 통합고용세액공제를 받은 과세연도부터 3년 이내 상시 근로자 수가 감소 시 공제받은 세액이 추징된다.

◎ 두루누리 지원사업

(출처: 고용노동부)

(1) 개요

　소규모 사업을 운영하는 사업주와 소속 근로자의 사회보험료(고용보험·국민연금)의 일부를 국가에서 지원함으로써 사회보험 가입에 따른 부담을 덜어주고, 사회보험 사각지대를 해소하기 위한 사업이다.

(2) 적용 요건

 10명 미만 사업의 근로자 중 월 평균 보수 **270만원 미만**의 신규가입 근로자와 그 사업주

 6개월간 고용보험과 국민연금의 자격 취득 이력이 없는 신규 가입자

(출처: 고용노동부)

① 근로자 월 평균 보수액 270만원 미만의 신규가입근로자·사업주

② 6개월간 고용보험과 국민연금의 자격취득 이력이 없는 신규 가입자

③ 10인 미만 고용하는 모든 사업

(3) 혜택

사회보험료의 80%를
최대 36개월까지 지원받을 수 있어요!

지원금은 다음 달 고용보험료에서 빼고 고지돼요.

(출처:고용노동부)

① 국민연금, 고용보험료 최대 80% 지원

② 최초 지원일로부터 3년간 지원

(출처:고용노동부)

병·의원
사후 검증

최근에 국세청은 매출액 사후 검증뿐만 아니라 경비에 대한 사후 검증에도 집중하고 있다. 왜냐하면 병·의원이 현금영수증 발급의무대상자이기 때문에 병·의원의 매출액이 과거보다 많이 양성화돼서 상대적으로 투명하기 때문이다. 따라서 국세청은 병·의원의 적격 증빙 비율이 적정한지 등 경비 사후 검증에 과거보다 더 자세히 들여다보기 시작했다.

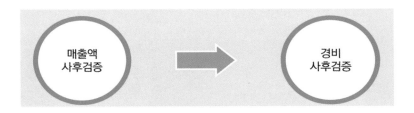

만약 특정 병원의 적격 증빙비율이 낮다면 상대적으로 임의 경비가 많이 사용됐다는 뜻이다. 그러면 국세청은 해당 병·의원에게 소명을 요청하고 필요할 경우 수정신고를 요청하거나 소명이 부족하면 세무조사를 의뢰하기도 한다. 따라서 병·의원 입장에서는 10년에 1번 정도 나올 수 있는 세무조사도 중요하지만 매년 국세청 사후 검증 대상에 올라가지 않도록 관리하는 것이 절세의 핵심이다.

사후 검증 단계별 절차는

◎ 사후 검증 단계별 절차는?

대상자 선정	신고내용 확인 집행	신고내용 확인 종결	집행실태 점검
⊘ 최근 1개 과세기간 ⊘ 특정 혐의항목 유형 ⊘ 제외기준 검토 ⊘ 대상자 전산 입력	⊘ 해명요구 최대 2회 ⊘ 현장확인 금지(원칙) ⊘ 비대면비접촉 　서면검토 ⊘ 2개월 이내 종결 　(원칙) ⊘ 지연제출 등 　부득이한 경우 　1회(1개월) 연장	⊘ 무혐의, 수정신고, 　세무조사의뢰 ⊘ 검토 결과 안내 ⊘ 검토 결과 전산입력 ⊘ 중간관리자 　절차준수 이행관리 　강화	⊘ 절차준수 전산관리 ⊘ 집행실태 점검(1회) ⊘ 절차준수 BSC평가 　반영 ⊘ 사전안내 및 분석 　적정 여부 피드백

◎ 지방청 / 세무서 분석 내용(예시)은?

분석 항목	분석 내용
의료업자	① 의료업자 수입금액 누락 혐의금액(의료 급여 등 공단부 　담금)
전문직	② 간이지급명세서 제출내역(월별)을 확인하여 용역제공기 　간에 대한 필요경비 여부 확인
간편장부 기준경비율	
주택임대 사업자	③ 인건비 등 허위계상여부 확인(기한 후 신고된 지급명세 　서 제출내역) ④ 주택임대사업자 누락 혐의금액(확정일자 자료 등 자료 　금액) ⑤ 적격 증빙 수취내역 확인(중요)

사후 검증 선정기준은?

🎯 사후 검증 선정기준은?

[1순위] 성실신고 사전안내자 중 불성실신고혐의자

다음 요건을 모두 충족한 경우 선정대상이 된다. 선정대상자 중에서 혐의금액, 추징세액 등을 고려하여 객관적 자체 기준에 따라 대상자를 선정한다.

① 성실신고 사전안내 불응자

본청 안내분은 사전안내 불응자 중에서 추출(적격 증빙 과소수취자(의료업자 수입금액 누락 포함), 소득률 저조자(의료업자 수입금액 누락 포함), 복리후생비 과다계상자, 필요경비 과다계상 인적용역 사업자

② 수입금액이 업종별로 외부조정대상 기준 이상

소비성서비스업, 전문직, 부동산임대업은 복식부기 기준 이상

③ 필요경비와 정규 증빙 차이 금액이 5천만원 이상

[2순위] 취약분야 납세자 등 불성실신고혐의자

다음 요건을 모두 충족한 경우 선정대상이 된다. 선정대상자 중에서 혐의금액, 추징세액 등을 고려하여 객관적 자체 기준에 따라 대상자를 선정한다. 주택임대사업자는 확정일자 자료 등을 활용하여 수입금액 검증을 병행한다.

① 취약분야 납세자 추출 및 관서 별 자체 불성실신고혐의 발굴

취약분야는 다음과 같다.

- 성실신고확인대상자 중 성실신고확인서 미제출자
- 필요경비 과다계상 혐의 전문직 사업자
- 필요경비 과다계상 혐의 간편장부 및 기준경비율 신고자
- 필요경비 과다계상 혐의 주택임대사업자
- 부가세 신고 후 소득세 신고 시 세무대리인을 변경한 사업자
- 복식부기 의무 자기조정신고자 중 판관비 기타계정 과다자
- 조세특례제한법상 중소기업에 포함되지 아니한 업종의 필요경비
  과다자(임대업, 소비성 업종, 인적용역자)의 접대비 한도초과액

② 수입금액이 업종별로 외부조정대상 기준 이상

소비성서비스업, 전문직, 부동산임대업은 복식부기 기준 이상

③ 필요경비와 정규 증빙 차이 금액이 5천만원 이상

[3순위] 수입금액 검증분야

다음 요건을 모두 충족한 경우 선정대상이 된다. 선정대상자 중에서 혐의금액, 추징세액 등을 고려하여 객관적 자체 기준에 따라 대상자를 선정한다. 선정 대상이 없는 경우 1순위에서 선정한다.

① 본청에서 수입금액 검증분야 분석명단 시달

- 사업성 있는 강의료 등을 기타소득으로 신고한 자
- 자문용역을 제공하고 근로소득을 기타소득으로 신고한 퇴직 임원
- 학원 등에서 받은 사업성 있는 소득을 기타소득으로 신고한 교사

- 부동산매매계약 해제 위약금 수입금액 누락자

② 과소신고 소득금액 5천만원 이상

사후 검증 제외기준은?

◎ 사후 검증 제외기준은?

구분	세부기준
신고내용확인 기실시자	최근 2년 소득세 신고내용 확인 기실시자
세무조사 기실시자	세무조사를 받았거나 세무조사 대상 선정으로 조사 실시 예정인 자
정기선정 순환조사대상 개인	정기조사 순환조사 대상자(5년·7년 주기) • 수입금액 500억원 이상. 변호사, 회계사, 세무사, 관세사, 건축사, 변리사, 법무사, 감정평가사 등 전문직 사업자는 200억원 이상 • 가군 150억원, 나군 100억원, 다군 50억원, 전문직 50억원 이상
모범납세자	선정일 현재 모범납세자 우대관리규정에 따라 우대관리 중인 모범납세자(과세자료 등에 의해 탈루혐의가 명백한 경우 선정 가능)
청년창업중소기업	수입금액이 5억원 미만인 청년창업 중소기업(개업일 및 수입금액은 주사업장 기준으로 판단)
사회적 기업	고용노동부 장관의 인증을 받은 사회적 기업, 장애인 표준사업장은 최초 우대대상 선정일로부터 5년간 신고내용 확인을 제외
수출기업	수출액이 매출액의 50% 이상이고 매출액 5억원 이상 & 관세청 등에서 선정한 수출관련 사업자
혁신 중소기업	중소기업 기술혁신 촉진법에 따른 기술혁신형 기업 및 경영혁신형 기업으로 인증된 중소기업은 3년간 제외
스타트업 기업	벤처기업육성에 관한 특별법에 따라 인증된 중소벤처기업은 설립 후 5년간 제외

구분	세부기준
일자리창출기업	전년대비 일정비율 이상 일자리를 증가시키는 일자리 창출계획서를 제출한 중소기업
청년친화 중소기업	급여, 근로시간, 복지혜택 등이 우수하여 청년이 선호할 수 있는 중소기업(고용노동부 인증)
기타	고액 체납자, 당해 연도 결손자, 폐업자 등으로서 신고내용 확인의 실익이 없다고 판단되는 사업자. 단, 개별적 판단이 필요

Chapter

11

병·의원
세무조사

세무조사란?

🎯 세무조사란?

> ❝ 성실신고사업자인 병·의원은 10년에 1번 정도 세무조사를
> 받을 가능성이 높다 ❞

　세무조사는 국가의 과세권을 실현하기 위한 행정조사의 일종으로서 국세의 과세표준과 세액을 결정 또는 경정하기 위하여 질문을 하고 장부·서류 그 밖의 물건을 검사·조사하거나 그 제출을 명하는 일체의 행위를 말하며, 부과처분을 위한 과세관청의 질문조사권이 행하여지는 세무조사의 경우 납세자 또는 그 납세자와 거래가 있다고 인정되는 자 등(이하 '납세자 등'이라 한다)은 세무공무원의 과세자료 수집을 위한 질문에 대답하고 검사를 수인하여야 할 법적 의무를 부담한다. 같은 세목 및 과세기간에 대한 거듭된 세무조사는 납세자의 영업의 자유나 법적 안정성 등을 심각하게 침해할 뿐만 아니라 세무조사권의 남용으로 이어질 우려가 있으므로 조세공평의 원칙에 현저히 반하는 예외적인 경우를 제외하고는 금지될 필요가 있다. 이러한 세무조사의 성질과 효과, 중복세무조사를 금지하는 취지 등에 비추어 볼 때, 세무공무원의 조사행위가 실질적으로 납세자 등으로 하여금 질문에 대답하고 검사를 수임하도록 함으로써 납세자의 영업의 자유 등에 영향을 미치는 경우에는 국세청 훈령인 구 조사사무처리규정에서 정한 '현지확인'의 절차에 따른 것이라고 하더라도 그것은 재조사가 금지되는 '세무조사'에 해당한다고 보아야 한다. 그러나 과세자료의 수집 또는 신고내용의 정확성 검증 등을 위한 과

세관청의 모든 조사행위가 재조사가 금지되는 세무조사에 해당한다고 볼 경우에는 과세관청으로서는 단순한 사실관계의 확인만으로 충분한 사안에서 언제나 정식의 세무조사에 착수할 수밖에 없고 납세자 등으로서도 불필요하게 정식의 세무조사에 응하여야 하므로, 납세자 등이 대답하거나 수인할 의무가 없고 납세자의 영업의 자유 등을 침해하거나 세무조사권이 남용될 염려가 없는 조사행위까지 재조사가 금지되는 '세무조사'에 해당한다고 볼 것은 아니다. 그리고 세무공무원의 조사행위가 재조사가 금지되는 '세무조사'에 해당하는지 여부는 조사의 목적과 실시 경위, 질문조사의 대상과 방법 및 내용, 조사를 통하여 획득한 자료, 조사행위의 규모와 기간 등을 종합적으로 고려하여 구체적 사안에서 개별적으로 판단할 수밖에 없을 것인데, 세무공무원의 조사행위가 사업장의 현황 확인, 기장 여부의 단순 확인, 특정한 매출사실의 확인, 행정민원서류의 발급을 통한 확인, 납세자 등이 자발적으로 제출한 자료의 수령 등과 같이 단순한 사실관계의 확인이나 통상적으로 이에 수반되는 간단한 질문조사에 그치는 것이어서 납세자 등으로서도 손쉽게 응답할 수 있을 것으로 기대되거나 납세자의 영업의 자유 등에도 큰 영향이 없는 경우에는 원칙적으로 재조사가 금지되는 '세무조사'로 보기 어렵고, 그 조사행위가 실질적으로 과세표준과 세액을 결정 또는 경정하기 위한 것으로서 납세자 등의 사무실·사업장·공장 또는 주소지 등에서 납세자 등을 직접 접촉하여 상당한 시일에 걸쳐 질문하거나 일정한 기간 동안의 장부·서류·물건 등을 검사·조사하는 경우에는 특별한 사정이 없는 한 재조사가 금지되는 '세무조사'로 보아야 할 것이다(대법원 2017.3.16. 선고 2014두8360 판결 등 참조 ; 서울행정법원-2023-구합-58343, 2024.1.19.).

◎ 세무조사 선정유형은 다음과 같다.

유형	선정기준
사업의 규모	사업장 면적, 입지요건 대비 신고 수입금액이 적거나, 종업원 수, 동업자 등 종사직원당 평균수입금액을 적게 신고한 경우 불성실로 추정
유명도 및 업황	방송 출연, 신문 및 전문잡지 칼럼 기재 경력 및 횟수, 신문 등 언론매체 개별 광고 실적, 인터넷 홈페이지 게재 내용 등에 비해 신고 수입금액이 적은 경우 불성실로 추정
수입금액증가비율	직전 연도 대비 신고 수입금액 및 증가비율이 낮거나, 성실신고 추정사업자의 평균 신장률 대비 수입금액 증가 비율이 낮은 경우에도 불성실로 추정(일반적으로 5%의 수입금액 증가율을 유지할 경우 세무조사 대상으로 선정될 확률 낮음)
소득세 신고 소득률 및 소득 증가율	성실신고 추정사업자의 평균 신고 소득률 대비 신고 소득률이 낮은 경우 및 경비지출내역, 임차료비율, 인건비비율, 재료비비율 등을 성실신고추정 사업자의 평균 비율보다 과다 계상된 경우에 불성실한 것으로 추정
신용카드 사용금액	수입금액 대비 신용카드 매출 비율이 낮은 경우와 직전 연도 대비 신용카드 매출액 증가비율이 낮은 경우에 비보험 일반 진료의 현금결제를 유도한 것으로 보아 불성실한 것으로 추정
재산보유실태 및 증가 관련 여부	최근 5년간 신고소득 합계액 대비 재산 증가가 과다한 자 및 신고 소득수준에 비해 해외여행, 고급 승용차 등을 유지하는 경우 불성실한 것으로 추정

전문직 사업자 등 고소득 탈세자 조사사례

◎ 전문직 사업자 등 고소득 탈세자 조사사례

업 종	주요 적출 사례
피부과	• 비보험 진료차트를 별도 관리하고 진료금액을 암호화하는 등의 방법으로 현금수입금액 탈루 　- 탈루소득 10억원에 대하여 소득세 5억원 추징
한의원	• 비보험 수입금액을 친인척 명의 차명계좌에 입금하는 방법으로 수입금액 탈루 　- 탈루소득 32억원에 대하여 소득세 17억원 추징 　- 고의적 세금포탈에 대하여 조세범 처벌법에 따라 포탈세액 상당액의 벌금을 부과
성형외과	• 현금결제를 유도하고 받은 비보험 현금수입금액을 차명계좌에 입금하는 방법으로 소득을 탈루 　- 탈루소득 132억원에 대하여 소득세 34억원 추징 　- 고의적 세금포탈에 대하여 조세범 처벌법·특정범죄가중처벌법등에 관한 법에 따라 고발조치

사 례	비보험 진료차트를 별도관리하고 진료금액을 암호화하는 등의 방법으로 현금 수입금액 탈루

□ 인적사항

- 사업장 : 서울 ○○구
- 업종 : 의료업 / 피부과
- 상 호 : △△피부과
- 성명 : 이○○(36세)

□ 주요 적출사항

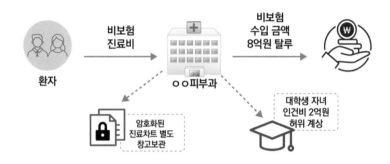

- △△피부과 대표 이○○는 피부과를 운영하면서
  - 문신(눈썹)·흉터자국·제모(겨드랑이) 등 비보험 현금 진료비에 대한 수입금액을 신고누락하고, 이를 은폐할 목적으로 관련 진료차트를 창고에 별도 보관하며,
  - 진료차트에 진료금액을 누구나 쉽게 알 수 없도록 암호화하는 등으로 비보험 현금 수입금액 8억원을 탈루하였고, 실제 근무하지 않은 대학생 자녀를 병원에 근무한 것처럼 하여 인건비를 허위로 계상하는 방법으로 2억원의 소득을 탈루

□ 조치사항

- 탈루소득 10억원에 대하여 소득세 5억원 추징

사 례	비보험 수입금액을 친인척 명의 차명계좌에 입금하는 방법으로 수입금액 탈루

[주요 신고누락 사항]

● □□시 소재 치과의원을 운영하는 의료업자로 고액의 비보험 진료비를 직원명의의 차명계좌를 통해 입금 받고,

- 차명계좌로 입금 받은 진료비 관련 차트 부분은 삭제 후 수입금액 신고누락

- 차명계좌를 통해 신고 누락한 수입금액을 이용하여 해외여행 경비 등 호화·사치 생활에 사용

[조치 결과]

● 차명계좌 거래내역을 확보하여 사업장에 비치된 진료차트 및 신고내역과 대사하여

- 수입금액 신고누락 △△억원 적출하고 탈루된 소득세 추징

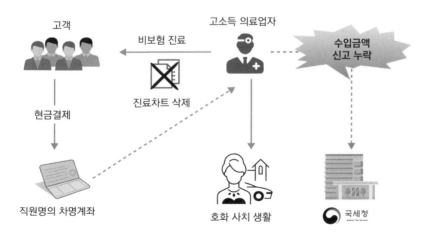

[주요 신고누락 사항]

□ 인적사항

- 사업장 : 서울 ○○구
- 업종 : 의료업 / 한의원
- 상 호 : △△한의원
- 성명 : 김○○(45세)

□ 주요 적출사항

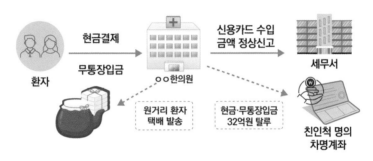

- △△한의원 대표 김○○은 한의원을 운영하는 자로
  - 자체개발한 ○○치료제의 약효가 뛰어나 전국의 환자가 몰려 호황을 누리며
  - 한약공급은 택배업체를 통해 전국에 배달하고 있음을 착안하여 택배대장과 신고수입금액을 상호 대사한 바,
  - 비보험 진료비 중 현금 및 무통장입금 받은 진료비를 친인척 명의 차명계좌에 입금하는 방법으로 수입금액 32억원을 탈루

□ 조치사항

- 탈루소득 32억원에 대해 소득세 17억원 추징하고,
  - 고의적 세금포탈에 대하여 조세범 처벌법에 따라 포탈세액 상당액의 벌금을 부과

사 례	현금결제를 유도하고 받은 비보험 현금 수입금액을 차명계좌에 입금하는 방법으로 소득을 탈루

[주요 신고누락 사항]

□ 인적사항

- 사업장 : 서울 ○○구
- 상 호 : △△성형외과
- 업종 : 의료업 / 성형외과
- 성명 : 김○○(34세)

□ 주요 적출사항

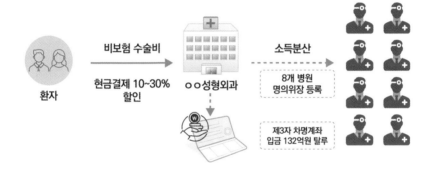

- △△성형외과 대표 김○○는 성형외과를 영위하는 자로
  - 비보험인 성형수술비를 현금으로 결제할 경우 10~30% 할인해 주는 등으로 현금결제를 유도하고, 현금으로 받은 진료비를 제3자 명의 차명계좌에 입금하는 방법으로 132억원을 탈루
  - 피부과·치과 등 다른 병과와 협진시스템을 구축하기 위해 8개 병원을 직접 운영하면서, 고용의사 명의로 사업자등록을 위장 등록하는 방법으로 소득금액을 분산하였음.

□ 조치사항

- 탈루소득 132억원에 대하여 소득세 34억원을 추징하고,
 - 고의적 세금포탈에 해당하여 조세범 처벌법·특정범죄 가중처벌 등에 관한 법률에 따라 고발조치

[주요 신고누락 사항]

- □□□은 ◇◇치과의원을 운영하는 치과의사로 다른 치과의사 명의로 전국에 동일한 상호의 치과의원 ○개를 개설
 - ○개 명의위장 치과의원을 실제 운영하면서 명의위장을 통해 수년간 수입금액을 분산·신고누락
 - 수입금액 분산 등을 통해 신고누락한 금액을 이용하여 해외여행 경비 등 호화·사치 생활에 사용

[조치 결과]

- 명의위장 치과의원의 실사업주 확인을 통해 수입금액 신고누락 △△억원 적출하고 탈루된 소득세 추징

세무조사 관리 방안

◎ 병·의원의 세무조사 리스크 관리방안은 다음과 같다.

유형	관리방법
적정한 신고소득률	매년 정부에서 고시하는 업종별 평균소득률을 감안하여 적정수준의 신고소득률의 유지 및 성실신고
손익계산서의 동일성	직전 연도 손익계산서와 각 항목의 구성비, 증감률의 동일성 유지를 통한 특이점 제거
세무리스크의 사전예방	분기별 결산 및 사업장현황신고 전 대책수립, 세금계산서 및 계산서에 대한 불부합자료 검토를 통한 내부관리, 자산 증가에 따른 소득 노출에 대한 세무리스크의 사전점검

국세청의 재산취득자금의 출처조사 및 경향

◎ 국세청의 재산취득자금의 출처조사 및 경향

A씨는 32세인 아들에게 시가 12억원짜리 상가를 1채 증여해 주었다. 나이가 30세가 넘었는데도 불구하고 직장을 잡지 못해서 집에만 있는 게 부모로서 너무 안타까웠기 때문이다. 아들이 내야 하는 증여세 3억원도 A씨가 대신 신고·납부해 줬다.

> **국세청은 막강한 PCI시스템과 FIU자료를 활용하여 탈세혐의자를 적출하고 세무조사를 통하여 탈루세액을 추징**

그랬더니 몇 개월 뒤에 국세청에서 아들의 증여세를 누가 납부했냐는 전화가 왔다. A씨는 사정설명을 하면서 본인이 아들의 증여세 3억원을 대신 납부했다고 했다. 그랬더니 국세청에서는 추가로 증여세를 납부하라고 고지서를 발부했다. 국세청은 아들대신 낸 3억원에 대해서도 증여세를 내야 한다라고 했다.

> **미성년자가 부동산 등을 취득할 경우에 자금출처조사에 철저히 대비해야 한다.**

국세청은 과거보다 더 막강한 PCI 시스템과 금융정보분석원(Financial Intelligence Unit) 자료를 활용하여 탈세혐의자를 적출하고 세무조사를 통하여 탈루세액을 지속적으로 추징하고 있다. 국세청의 PCI시스템이란 납세자의 재산, 소비, 그리고 소득(Property, Consumption and

Income)을 비교 분석하는 전산시스템이다. PCI시스템을 통해서 납세자의 현금수입과 현금지출을 비교분석한 뒤 현금의 수입보다 현금지출이 크면 탈루혐의 금액으로 판단한다.

현금지출		현금유입	
부동산 취득		부동산 양도	
주식 보유		주식보유	
골프회원권 취득		골프회원권 양도	
부채 상환		부채 발생	
현금, 예금 증여		현금, 예금 수증	
해외 송금		해외 입금	
신용카드 등 사용액		신고(결정)소득금액	
금융자산환산액		금융재산 환산액	
외화증권 매수		외화증권 매도	
현금 지출 합계	6억원	현금 유입 합계	3억원
총 현금 부족금액		3억원	

그리고 필요할 경우 해당 납세자에게 현금부족금액에 대한 해명자료 제출요구서를 보낸다. 즉, 국세청은 A씨가 일정한 소득이 없는데도 불구하고 3억원에 달하는 증여세를 납부한 것에 대한 자금출처조사를 통해 증여세 탈루여부를 확인하려고 했던 것이다.

2019.7월부터 은행 등 금융기관은 하루에 1천만원 이상의 고액현금거래(Cash Transaction Reporting)와 합당한 근거가 있는 의심거래(Suspicious Transaction Reporting)를 지체없이 금융정보분석원에 보고해야 한다. 금융정보분석원은 금융기관으로부터 수집된 수많은 거래 중에서 탈세혐의로 의심되는 거래는 국세청에 제공한다. 국세청은 해당 탈세혐의 정보를 바탕으로 필요한 경우 해당 납세자에 대한 세무조사를 실시한다.

자금출처로 인정되는 사례

🎯 자금출처로 인정되는 사례

만약, 국세청으로부터 재산취득 자금출처에 대한 해명 자료 안내문을 받으면 어떻게 해야 할까?

재산취득자의 재산취득자금에 대한 출처 소명	배우자 등에게 대가를 지급하고 재산을 취득한 사실이 금융자료 등에 의하여 확인되는 경우에도 자금출처로 입증하지 못하는 금액에 대해서는 증여세가 과세된다.

예를 들면, 납세자가 약 32억원을 소명하라는 안내문을 받으면 100%를 소명해야 할까 아니면 적정선까지만 소명해야 하는 지 고민을 할 수밖에 없다.

채무의 상환자금 증여추정	• 채무자의 직업·연령·소득 및 재산상태 등으로 볼 때 • 채무를 자력으로 상환(일부상환 포함)하였다고 인정하기 어려운 경우

재산취득자금 증여추정 규정 적용 시 본인의 소득금액이나 상속·증여받은 재산 및 부채를 부담하고 받은 금전 등은 자금출처로 인정되며, 기준금액 이상을 입증하면 증여추정하지 않으나 실제 증여받은 사실이 확인되면 증여세가 과세된다(재산세과-969, 2010.12.22.).

자금출처로 인정되는 사례는 다음과 같다(상속세 및 증여세법 기본통칙 45-34…1).

① 본인 소유재산의 처분사실이 증빙에 따라 확인되는 경우 그 처분금액 (양도소득세, 공과금 상당액 등을 뺀 금액)

② 기타 신고하였거나 과세받은 소득금액(소득세, 공과금 등을 뺀 금액)

③ 농지경작소득

④ 재산취득일 이전에 차용한 부채로서 채무확인서류 등에 따라 입증된 금액. 다만, 원칙적으로 배우자 및 직계존비속 간의 소비대차는 인정하지 아니한다.

⑤ 재산취득일 이전에 자기재산의 대여로서 받은 전세금 및 보증금

⑥ ①부터 ⑤까지 이외의 경우로서 자금출처가 명백하게 확인되는 금액

상속세 및 증여세법 집행기준에 의한 재산취득자금의 범위와 자금출처 입증방법은 다음과 같다.

[재산취득자금의 범위]

① 재산을 취득하기 위하여 실제로 소요된 총 취득자금을 말하는 것으로 취득세 등 취득부수비용을 포함한다.

② 재산 취득 당시 증빙불비로 취득자금을 확인할 수 없는 경우에는 취득당시 시가 또는 보충적 평가액을 취득자금으로 한다.

[재산취득자금 등의 자금출처 입증방법]

① 신고하였거나 과세(비과세 또는 감면 포함)된 소득금액

② 신고하였거나 과세된 상속 또는 수증재산의 가액

③ 재산을 처분한 대가로 받은 금전이나 부채를 부담하고 받은 금전으로 당해 재산의 취득 또는 당해 채무의 상환에 직접 사용한 금액

본인의 급여소득은 총지급금액에서 원천징수세액을 공제한 금액이 자금출처로 인정되고, 부동산임대소득은 신고하였거나 과세 받은 소득금액에서 당해 소득에 대한 소득세 등 공과금 상당액을 차감한 가액이 자금출처로 인정된다(재산세과-1578, 2009.7.30.). 그리고 배당소득이 있는 자가 그 소득에 의하여 재산을 취득한 경우 자금출처로 인정되는 범위는 배당소득 지급금액에서 원천징수세액을 공제한 금액이 된다. 다만, 그 배당소득이 세대원 중 주된 소득자의 종합소득에 합산 과세되어 그에 따른 종합소득세를 합산대상자가 납부한 경우에는 그 세액 상당액을 공제한 금액을 자금출처로 인정받을 수 있다(재삼 46014-886, 1994.3.31.). 그리고 재산취득자금 출처를 조사함에 있어서 재산취득일 이전에 차용한 부채로서 입증된 금액은 자금출처로 인정받을 수 있다(재삼 46014-1874, 1996.8.16.).

❝ 재산취득자금 등의 출처를 입증하지 못하는 경우에는 재산취득자금 등을 증여받아 취득한 것으로 추정하여 증여세 과세 ❞

자금출처가 객관적으로 입증되지 아니한 금액이 취득 재산가액의 100분의 20에 상당하는 금액과 2억원 중 적은 금액에 미달하는 경우에는 당해 재산 취득자금을 증여받은 것으로 추정하지 않지만, 타인으로부터 증여받은 사실이 객관적으로 확인되는 경우에는 증여로 본다.

❝ 입증되지 않은 금액 < Min(취득재산가액×20%, 2억원) ❞

이 경우 과세표준은 취득재산가액에서 자금출처로 입증된 금액을 차감해서 계산한다.

		과세표준	• 과세표준 = 취득재산가액 − 자금출처로 입증된 금액

과세표준
- 과세표준 = 취득재산가액 − 자금출처로 입증된 금액
- 증여시기 : 재산을 취득한 때, 채무를 상환한 때, 차명계좌에 입금한 날

쉽게 말하면 소명대상 금액이 10억원 이상인 경우 2억원을 차감한 금액을 초과하여 소명해야 한다. 반면에 10억원 이하인 경우 80%를 초과한 금액을 소명해야 한다. 증여추정 여부는 재산취득 등이 있을 때마다 그 해당 여부를 판단한다. 즉, 증여추정 여부는 10년간 취득한 재산 등의 누적금액을 기준으로 판단하지 않는다는 뜻이다. 예를 들면 다음과 같다.

	일자	취득/상환자금	소명요구액	소명	미소명	증여추정	증여추정금액
1	2021.7.10.	13억원	11억원	10억원	1억원	○	3억원
2	2022.5.15.	8억원	64억원	7억원	없음	×	○
3	2023.5.15.	4억원	32억원	3억원	0.2억원	○	1억원
	합계	25억원		20억원	1.2억원		4억원

66 증여추정 배제기준은? 99

재산취득일 전 또는 채무상환일 전 10년 이내에 주택과 기타재산의 취득가액 및 채무상환금액이 증여추정 배제기준에 미달하고, 주택취득자금 등 합계액이 총액한도 기준에 미달하는 경우에는 증여추정을 배제한다. 그러나, 증여추정 배제기준 금액 미만이더라도 취득가액 또는 채무상환금액이 타인으로부터 증여받은 사실이 확인될 경우에는 당연히 증여세 과세대상이다.

	주택 취득	기타재산 취득	채무상환	총액한도
30세 미만	5천만원	5천만원	5천만원	1억원
30세 이상	1.5억원	5천만원	5천만원	2억원
40세 이상	3억원	1억원	5천만원	4억원

◎ 재산 취득자금 등의 증여추정

　상증세법 제45조 제1항은 '재산 취득자의 직업, 연령, 소득 및 재산 상태 등으로 볼 때 재산을 자력으로 취득하였다고 인정하기 어려운 경우로서 대통령령으로 정하는 경우에는 그 재산을 취득한 때에 그 재산의 취득자금을 그 재산 취득자가 증여받은 것으로 추정하여 이를 그 재산 취득자의 증여재산가액으로 한다.'라고 규정하여 재산취득자금의 증여추정 규정을 두고 있고, 그 위임을 받은 구 상속세 및 증여세법 시행령(2020.2.11. 대통령령 제30391호로 개정되기 전의 것, 이하 '구 상증세법 시행령'이라 한다) 제34조 제1항은 '법 제45조 제1항 및 제2항에서 대통령령으로 정하는 경우란 다음 각 호에 따라 입증된 금액의 합계액이 취득재산의 가액 또는 채무의 상환금액에 미달하는 경우를 말한다. 다만, 입증되지 아니하는 금액이 취득재산의 가액 또는 채무의 상환금액의 100분의 20에 상당하는 금액과 2억원 중 적은 금액에 미달하는 경우를 제외한다.'라고 규정하면서 제1호에서 '신고하였거나 과세 받은 소득금액', 제2호에서 '신고하였거나 과세 받은 상속 또는 수증재산의 가액', 제3호에서 '재산을 처분한 대가로 받은 금전이나 부채를 부담하고 받은 금전으로 당해 재산의 취득 또는 당해 채무의 상환에 직접 사용한 금액'을 정하고 있다.

한편 상증세법 제45조 제3항은 '취득자금 또는 상환자금이 직업, 연령, 소득, 재산 상태 등을 고려하여 대통령령으로 정하는 금액 이하인 경우와 취득자금의 출처에 관한 충분한 소명이 있는 경우에는 제1항을 적용하지 아니한다.'라고 규정하고, 그 위임을 받은 구 상증세법 시행령 제34조 제2항은 '대통령령으로 정하는 금액'이란 재산취득일 전 또는 채무상환일 전 10년 이내에 해당 재산 취득자금 또는 해당 채무 상환자금의 합계액이 5천만원 이상으로서 '연령·세대주·직업·재산상태·사회경제적 지위 등을 고려하여 국세청장이 정하는 금액을 말한다.'라고 규정한다.

증여세의 부과요건인 재산의 증여사실은 원칙적으로 과세관청이 입증할 사항이므로 재산취득 당시 일정한 직업과 상당한 재력이 있고 또 그로 인하여 실제로도 상당한 소득이 있었던 자라면 그 재산을 취득하는 데 소요된 자금을 일일이 제시하지 못한다고 하더라도 특별한 사정이 없는 한 재산의 취득자금 중 출처를 명확히 제시하지 못한 부분이 다른 사람으로부터 증여받은 것이라고 인정할 수 없다고 할 것이나, 일정한 직업 또는 소득이 없는 사람이 당해 재산에 관하여 납득할 만한 자금출처를 대지 못하고 그 직계존속 등이 증여할 만한 재력이 있는 경우에는 그 취득자금을 그 재력 있는 자로부터 증여받았다고 추정함이 옳다(대법원 1997.4.8. 선고 96누7205 판결 등 참조).

부부공동명의로 취득할 때 증여세 문제와 자금출처 조사

부부공동명의로 부동산을 취득할 때는 반드시 증여세 문제를 고려해 봐야 한다. 본인과 배우자가 50:50으로 시가 16억원짜리 주택을 취득한다고 가정해 보자. 본인이 8억원, 배우자가 8억원을 주택의 매도자에게 지급해야 한다. 본인의 경우 근로소득 있는 직장이라면 급여가 합법적인 자금의 출처가 될 수 있다. 혹은 기존의 본인 명의 전세자금도 8억원의 자금출처가 될 수 있다. 그러면 배우자의 경우는 어떨까? 배우자가 사업소득이 있거나 급여소득이 있으면 8억원의 합법적인 자금출처가 될 수 있다.

❝ 부부공동명의 하다가 자금출처 조사받을 수 있다. ❞

만약, 배우자가 소득이 없다면 8억원의 자금출처를 어떻게 설명할 수 있을까? 배우자가 합리적으로 자금의 출처를 설명할 수 없다면 과세관청은 본인이 배우자에게 증여한 것으로 볼 수도 있다. 본인이 배우자에게 증여한 경우 6억원까지는 증여세 공제를 받을 수 있다. 그럼 8억원에서 6억원을 뺀 나머지 2억원은 어떻게 될까? 부부공동명의 부동산 취득은 단순하게 접근할 문제가 아니다. 그럼에도 불구하고 부동산 취득 시 왜 50:50 부부공동명의로 하지 않았냐고 부부 싸움하는 경우도 있다고 한다. 증여세를 잘 이해하면 가정도 행복해질 수있다.

증여세

차용증만 쓰면 되는 걸까?

◎ 차용증만 쓰면 되는 걸까?

차용증은 금전소비대차 계약서라고도 한다. 차용증에 들어가는 기본적인 사항은 채권자, 채무자, 차용증 작성일, 채무액, 이자율, 이자와 원금의 지급시기, 채무불이행에 대한 책임 등이다. 어머니로부터 자금을 차용하여 부동산 취득자금으로 사용하는 경우 당해 금액을 증여로 볼 것인지 차입금으로 볼 것인지 여부에 따라 증여세 폭탄을 맞을 수도 있다. 아래 사례는 국토교통부가 부동산 거래신고가 된 것 중 편법증여를 의심해서 국세청에 통보한 사례이다.

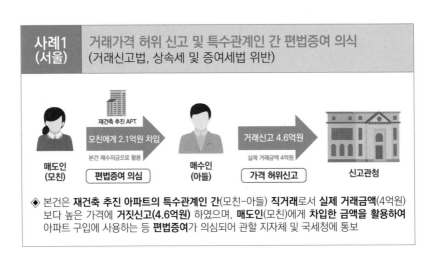

사례2 (서울) 특수관계인 간 편법증여 의심 (상속세 및 증여세법 위반)

부친 → 자녀에게 69억원 대여 → 배수인 (자녀) → 거래금액 64억원 초고가 APT 매수 / 부친에게 대여받은 자금 등 활용 → 초고가 아파트

◆ 매수인은 **특수관계인(부친)**으로부터 **총 69억원을 차용**하고 그중 **약 50억원을** 본 건 아파트 매수자금으로 활용하여 **차입금 형태의 편법증여가 의심**되어 국세청에 통보

　부모와 자녀 간에 금전소비대차 계약서인 차용증만 쓰면 증여로 인정 받을 수 있을까? 기본적으로 부모와 자녀 간의 금전거래는 증여가 아닌 소비대차계약인 차입금으로 인정받기 어렵다. 일반적으로 부모님에게 금전을 빌린 경우 증여를 받은 것으로 추정하여 증여세가 과세될 수 있다. 그러나 부모에게 금전을 빌리고 갚은 사실이 차용증서, 이자지급사실 등에 의하여 객관적으로 명백하게 입증되면 금전소비대차계약으로 인정되어 증여세가 과세되지 않는다. 다만, 부모님에게 추후 원금을 갚지 않으면 과세관청은 증여한 것으로 보아 증여세를 과세할 수 있다. 현행 상속세 및 증여세법은 부모와 자녀 간에 금전거래가 있을 경우 차용증을 작성하도록 규정되어 있지 않다. 부모와 자녀 간에 차용증을 작성하는 것은 일종의 요식행위일 뿐이어서 차용증이 부모와 자녀 간의 금전거래를 객관적으로 입증하지는 못한다. 따라서 자녀가 부모와 차용증만 쓰면 과세관청으로부터 증여로 인정받기가 어려울 수도 있다. 그렇지만 부모와 자녀 간에도 차용증이 있으면 금전거래에 대한 사실관계를 판단할 때 도움이 된다. 따라서 차용증이 없는 것보다 상대적으로 유리하다. 과세관청도 증여가 아니라고 동의할 수 있는 추가적인 무언가를

자녀가 가지고 있어야지 납세자인 자녀 입장에서 방어하기가 유리하다. 더구나 차용증에 적힌 대로 자녀가 부모에게 이자를 지급하거나 빌린 돈을 변제한 사실이 있다면 과세관청이 증여가 아니라고 계속 주장하기가 어렵다. 따라서 과거에 정기적인 이자지급이 없었다 하더라도 이자지급을 계좌이체를 통해 한꺼번에 함으로써 과세관청에 항변할 수 있는 증거를 지금이라도 만드는 게 매우 중요하다. 그러므로 부모에게 이자지급을 아직 안 했으면 지금이라도 해라. 오늘 당장! 그게 차선의 방법이다. 주의할 점은 차용증을 부모가 자녀에게 금전을 대여해 주는 때가 아닌 사후에 작성할 경우 과세당국으로부터 증빙자료로 인정받기가 어려울 수도 있다. 따라서 부모가 자녀에게 금전을 대여할 때 부모가 자녀에게 금전대여와 관련된 내용증명을 보내거나 법무법인으로부터 공증을 받아두는 것이 상대적으로 유리하다. 공증이란 해당 일자에 채권자와 채무자 사이에 차용증계약이 있다는 사실을 증명해 주는 절차이다.

❝ 은행 계좌이체를 통해 이자를 지급한 흔적을 남겨라! ❞

자녀가 사실상 소비대차계약에 의하여 부모로부터 자금을 차입하여 사용하고 추후 이를 변제한 경우, 그 사실이 채무부담계약서나 이자지급 사실, 담보제공 및 금융거래내용 등에 의하여 확인이 되는 경우에는 당해 차입금 및 그 변제한 금액에 대하여 증여세가 과세되지 않는다(서면인터넷방문상담4팀-1462, 2008.6.19.) 단, 차용증만 쓰고 이자를 지급하지 않는다면 차입금이 아니라 증여로 보아 증여세가 부과될 수도 있다. 왜냐하면 기본적으로 과세관청은 원칙적으로 직계존·비속 간의 소비대차는 인정하지 않기 때문이다.

만약, 과세관청이 차입금이라는 자녀의 주장을 받아들인다면 어떻게 될까? 그때부터 과세관청은 실제로 자녀가 이자를 지급하는지 차용증에 있는 만기에 원금을 자녀가 진짜 상환하는지 여부를 국세청 전산시스템을 통해서 추적 관찰한다. 만약에 자녀의 이자지급이 이루어지지 않거나 원금이 만기에 부모에게 상환되지 않는다면 과세관청은 자녀에게 증여세를 부과할 수도 있다.

◎ 자금을 빌려준 부모님은 어떤 과세문제가 있을까?

A씨가 부모님에게 지급한 이자는 비영업대금의 이익으로 분류한다. 원칙적으로는 A씨가 2.5억원에 대한 이자 2.5백만원을 매년 부모님한테 지급할 때 원천징수를 해야 할 책임이 있다. 은행이자를 받을 때 원천징수세율인 15.4%보다 높은 27.5%(지방소득세 포함)의 원천징수 후에는 다음 달 10일까지 "원천징수 이행 상황 신고서"를 제출하면서 원천징수세액을 과세관청에 납부하는 것이 원칙이다. 안 그러면 원천징수 불성실 가산세가 부과될 수도 있다. 그리고 다음 해 2월 말까지 "이자소득지급명세서"를 제출해야 한다. 그러나 실제로 개인 간에(특히 부모와 자녀 간에) 이자지급을 하면서 27.5%의 원천징수를 하고 자녀가 원천징수세액을 과세관청에 신고·납부하는 것은 어려운 게 현실이다. 따라서 A씨의 부모님은 자녀로부터 이자지급을 받은 해의 다음 연도 5월에 2.5백만원을 이자소득으로 해서 다른 소득에 합산한 뒤 종합과세를 반드시 신고해야 한다.

부모명의 주택을 담보로 제공하고 소득 없는 자녀가 대출을 받으면?

◎ 부모명의 주택을 담보로 제공하고 소득 없는 자녀가 대출을 받으면?

소득이 없는 자녀 A씨는 부모명의의 주택을 무상으로 담보로 이용하여 은행으로부터 1억원을 대출받았다. 소득이 없기 때문에 매월 은행 대출이자는 A씨가 아닌 부모가 대신 지급했다. 그리고 만기 1년 뒤에 원금상환도 부모가 대신했다. 이럴 경우 국세청은 A씨가 아닌 부모가 처음부터 대출 1억원을 받은 뒤 자녀 A씨에게 현금 1억원을 증여한 것으로 본다. 즉, 과세관청은 타인(특수관계인 포함)의 부동산을 무상으로 담보 제공함으로 인하여 이익을 얻은 경우로 판단하지 않는다. 따라서 자녀 A씨는 대출금 1억원에 대한 이자를 면제받은 것에 대한 증여세를 납부해야 하는 게 아니다. 자녀 A씨는 현금 1억원을 증여받은 것에 대해서 증여세 1천만원을(최근 10년 내 사전증여 없다고 가정) 납부해야 한다. 만약 부모는 소득이 없는 자녀 A가 증여세 1천만원을 납부하지 못하면 연대납세의무자로서 1천만원을 납부할 책임이 있다. 왜냐하면 증여자는 수증자가 증여세를 납부할 능력이 없다고 인정되는 경우로서 증여세에 대한 체납처분을 해도 조세채권을 확보하기 곤란한 경우 증여세 연대납세의무가 발생하기 때문이다. 따라서 부모는 자녀대신 증여세 폭탄을 맞을 수도 있다.

그러나 실제로 부모의 부동산을 담보제공한 뒤 매월 은행 대출이자는

A씨가 직접 지급하고 원금상환도 본인이 했다면 증여이익이 1천만원 이상인 경우에만 증여로 보고 아래의 증여재산가액에 대해 증여세가 과세된다.

	타인(특수관계인 포함)의 부동산 무상사용 이익	타인(특수관계인 포함)의 부동산을 담보이용 이익
증여세 과세 요건	• 그 소유자와 함께 거주하는 주택과 그에 딸린 토지는 과세대상에서 제외 • 증여이익이 5년간 1억원 미만인 경우는 제외 • 非특수관계인 간의 거래인 경우 거래의 관행상 정당한 사유가 없을 것	• 타인의 부동산을 무상으로 담보로 이용하여 금전 등을 차입 • 증여이익이 1년간 1천만원 미만인 경우 제외 • 非특수관계인 간의 거래인 경우 거래의 관행상 정당한 사유가 없을 것
증여재산 가액계산	• 부동산가액 × 2%(부동산 사용료) × 3.79079(10% & 5년 현가율)	• 차입금액 × 4.6% – 실제 지급한 이자
증여일	• 부동산에 대한 무상사용을 개시한 날 • 부동산 무상 사용기간은 5년	• 그 부동산 담보 이용을 개시한 날 • 담보이용기간은 1년

이럴 경우 증여일은 부동산 담보 이용을 개시한 날이 된다. 증여재산가액은 "차입금액×4.6% – 실제 지급한 이자"가 된다. 단, 증여이익이 1년간 1천만원 이상인 경우에만 이를 적용한다. 차입기간이 정해져 있지 않으면 그 차입기간은 1년으로 본다. 차입기간이 1년을 초과할 경우는 어떻게 될까? 그럴 경우 부동산 담보 이용 개시일로부터 1년이 되는 날의 다음날 새롭게 해당 부동산의 담보 이용을 개시한 것으로 본다.

부모님한테 1년간 2억원 공짜로 빌려도 증여세 없다!

🎯 **부모님한테 1년간 2억원 공짜로 빌려도 증여세 없다.**

타인(특수관계인 포함)으로부터 금전을 무상 또는 낮은 이자율로 대출 받은 이익이 1천만원 이상인 경우에는 대출받은 자에게 1년 단위로 증여세를 과세한다.

> **무상대출금이 2.17억원 이하이면 증여세가 없다. 즉, 무상대출금이 2.17억원을 초과하면 증여세가 발생할 수 있다.**

금전무상대출 등에 따른 증여이익이 1년에 1천만원 이상일 경우만 증여세 과세대상이다. 자녀 이외에 사위나 며느리도 시부모님한테서 2억원 정도를 1년간 무상대출 받아도 증여세 과세대상이 아니다. 단, 대출 계약서를 작성하고 나중에 만기일에 대출금을 전액 상환해야 한다. 그렇지 않으면 과세관청으로부터 증여세 폭탄을 맞을 수도 있다. 왜냐하면 기본적으로 과세관청은 부모님으로부터 자녀가 대출을 받았다고 주장해도 증여로 추정하기 때문이다. 따라서 자녀에게 증여가 아니라는 것을 입증하라고 된다. 그러므로 자녀는 입증할 근거를 반드시 가지고 있어야 한다.

> **국세청이 생각하는 적정이자율은 4.6% !**

2023.1.1. A씨는 아파트를 장만하기 위해서 부모님한테서 2.5억원을 1%의 이자율로 빌리고 차입금 계약서를 작성했다. A씨는 4.6%보다 적은

이자율로 빌려서 증여세가 나올까 봐 걱정이다. A씨의 증여세는 얼마일까? A씨의 증여이익은 1년간 9백만원이다(=2.5억원×(4.6%-1%)). 따라서 1년에 천만원 이상이 아니므로 증여세 과세대상이 아니다. 2024.1.1. A씨는 해당 자금을 1년 더 연장하기로 차입금 계약서를 수정했다. 따라서 2024년 A씨의 증여이익도 1년간 9백만원이다. 2024년 A씨의 증여세는 얼마일까? 2023년의 9백만원과 2024년의 9백만원을 더해서 18백만원이 되었으므로 2024년부터는 증여세 과세대상이 되는 걸까? 아니다. 금전무상대출 등에 따른 증여이익은 매 1년마다 판단해서 증여세 과세대상인지 여부를 결정한다. 즉, 2024년에 받은 증여이익은 9백만원이어서 1천만원 이상이 되지 않았기 때문에 증여세 과세대상이 아니다. 2023년도 마찬가지다. 따라서 2023년에 받은 증여이익 9백만원을 2024년에 받은 증여이익 9백만원에 더해서 1천만원 이상인지 여부를 판단하지 않는다.

◎ 국세청이 생각하는 적정이자율 4.6%를 꼭 사용해야 할까?

아니다. 2억원을 4.6%에 자녀에게 대여하는 대신 2%로 대여해도 된다. 당연히 자녀가 지급해야 하는 이자는 연 4백만원으로 이자 면세점인 연 1천만원 이하이므로 자녀에게 여전히 증여세는 발생하지 않는다. 만약 5억원을 부모로부터 빌렸을 경우는 어떻게 될까? 5억원×4.6% = 23백만원이 국세청이 생각하는 적정이자이다. 2.6%로 이자를 지급하면 연간 13백만원이므로 적정이자의 차이가 1천만원 이상이 돼서 증여세 과세대상이 된다. 따라서 연간이자율을 2.6%보다 높은 2.61%로 하면 연간이자가 13.05백만원이 되고 적정이자와의 차이는 9.95백만원으로 1천만원 미만이 되어 증여세 과세대상이 되지 않는다.

◎ 부모와 자녀 간의 금전거래시 적정한 대여기간과 대여금액은?

최대 대여기간을 통상적으로 5년 정도로 판단하는 것 같다. 그리고 사회통념상 허용되는 대여금액은 자녀 연간소득의 5배 정도로 본다. 다만, 상속세 및 증여세법에 명확히 규정되어 있지 않다. 그러므로 자녀가 대여기간과 대여금액이 적정하다는 것을 객관적으로 입증할 필요가 있다.

저자 프로필

성광호

‣ 세무사 자격증, USCPA License, CISA, CIA, FRM
‣ 성보고, 연세대 경영학과, 방송통신대 법학대학원 법학 석사
‣ 감사 전문가
‣ 네이버 블로그 https://blog.naver.com/semusatax
‣ 네이버 인플루언서 https://in.naver.com/sungtax
‣ 주요 저서로는 약국 세무관리, 동물병원 세무관리, 전문직사업자 세무관리, 학원 세무관리,
  상속세 및 증여세 절세전략, 양도세 절세전략, 부동산 절세전략, 비상장주식 및 영업권평가,
  개인사업자 법인전환과 영업권평가, 가업승계 핵심전략, 가지급금 정리실무,
  주식명의신탁 실무 등이 있음.

조성식 세무사

‣ 통영고, 건국대 경영학과
‣ (現) 세무법인 성수 대표 세무사
‣ (現) 세무법인 성수 성수본점, 송파지점, 통영지점
‣ (前) 국세청 조사국 근무
‣ (前) 서울지방국세청 조사국 근무
‣ (前) 남대문·성동·동대문세무서 조사과·재산세과·개인납세과 근무
‣ 네이버 블로그 https://blog.naver.com/eunsilto4021
‣ 네이버 블로그 https://blog.naver.com/cpta0514
‣ 주요 저서로는 약국 세무관리, 동물병원 세무관리, 전문직사업자 세무관리,
  학원 세무관리 등이 있음.